8 In 2 30

Paris
1823

Goethe, Johann Wolfgang von

Des Hommes célèbres de France au dix-huitième siècle, et de l'État de la littérature et des arts à la même époque

suivi de notes des traducteurs

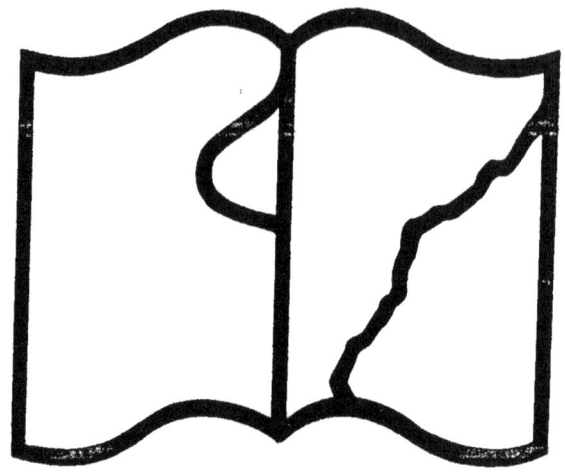

Symbole applicable
pour tout, ou partie
des documents microfilmés

Texte détérioré — reliure défectueuse

NF Z 43-120-11

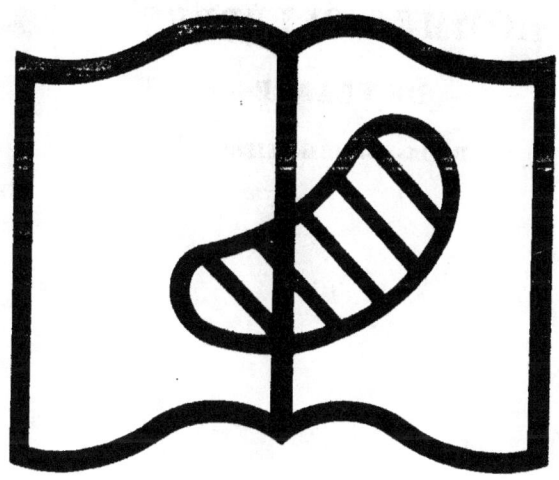

**Symbole applicable
pour tout, ou partie
des documents microfilmés**

Original illisible

NF Z 43-120-10

DES

HOMMES CÉLÈBRES

DE FRANCE

AU DIX-HUITIÈME SIÈCLE.

A PARIS,

DE L'IMPRIMERIE DE CRAPELET.

1823.

On trouve aussi chez M. RENOUARD,

Le Neveu de Rameau, œuvre posthume de Diderot, publiée par les Traducteurs des *Hommes célèbres de France* de M. Goëthe. In-8°, br. . . . . . 5 fr.

Jean Wolfgang de Goethe
né à Francfort sur le Mein le 28 Août 1749.
(72 ans)
Premier Ministre à la Cour de Weimar, nommé par
ordre de la Légion d'honneur par Napoléon Bonaparte
en 1809.

DES
HOMMES CÉLÈBRES
DE FRANCE
AU DIX-HUITIÈME SIÈCLE,

ET DE L'ÉTAT DE LA LITTÉRATURE ET DES ARTS
A LA MÊME ÉPOQUE;

PAR M. GOËTHE:

TRADUIT DE L'ALLEMAND
PAR MM. DE SAUR ET DE SAINT-GENIÈS;

ET SUIVI DE NOTES DES TRADUCTEURS, DESTINÉES A DÉVELOPPER
ET A COMPLÉTER SUR PLUSIEURS POINTS IMPORTANTS LES IDÉES
DE L'AUTEUR.

A PARIS,
CHEZ ANTOINE-AUGUSTIN RENOUARD.
M. DCCC. XXIII.

AVERTISSEMENT
DES TRADUCTEURS.

Cet ouvrage de M. Goëthe fut composé par lui en 1805, et parut en même temps que la traduction allemande qu'il fit imprimer à Leipsick du *Neveu de Rameau*, production posthume et inédite de Diderot, alors entièrement inconnue en France, et que l'auteur avait autrefois envoyée en Saxe à une personne du plus haut rang.

Ce précieux manuscrit ayant été communiqué à M. Goëthe, il sollicita et obtint la permission de faire partager à ses compatriotes le vif plaisir que lui avait causé la lecture de cet ouvrage remarquable d'un des plus grands écrivains du siècle dernier. L'auteur et le traducteur étaient dignes l'un de l'autre ; il n'est donc pas étonnant que cette traduction ait obtenu en Allemagne le plus brillant succès.

AVERTISSEMENT

Il est difficile qu'un écrivain du premier ordre s'assujettisse long-temps à traduire : son esprit a besoin de composer. Les idées d'autrui qu'il s'occupe à exprimer lui en suggèrent de nouvelles. C'est ainsi que sa traduction de Diderot a fourni à M. Goëthe la matière d'une composition aussi étendue que l'ouvrage même de l'auteur français.

Apprécier le génie et les écrits des hommes les plus célèbres de France au dix-huitième siècle, approfondir les questions intéressantes de philosophie, et les vues sur la théorie des arts, que Diderot a effleurées dans ce dialogue ; enfin déterminer le caractère de la littérature française à cette époque où elle a brillé d'un si prodigieux éclat ; tel est l'objet que M. Goëthe s'est proposé, et qu'il a complétement rempli par ce travail important et vraiment digne de lui.

Dans les portraits qu'il a tracés avec autant de vérité que de talent de nos auteurs les plus illustres, on verra avec plaisir que l'esprit de dénigrement et de détraction contre les bons écrivains français n'existe que chez les mauvais écrivains étrangers; mais que les hommes supérieurs de tout pays rendent hommage à ceux que la France s'honore d'avoir vus naître.

Dans les réflexions sur la théorie des arts, sur le goût, sur le génie, etc., on s'étonnera peut-être de voir que le peintre éloquent des douleurs de Verther, l'auteur tour à tour pathétique, gracieux et terrible, à qui l'on doit *la Bayadère*, *Faust*, *le Comte d'Egmont*, *etc.*, excelle aussi dans la critique littéraire. M. Goëthe, à l'exemple de Voltaire, celui de nos grands hommes auquel il ressemble le plus, a réussi en tant de genres, que les Français sont bien loin de le connaître tout entier.

Nous avons pensé que nos lecteurs nous sauraient gré de les mettre à portée de mieux apprécier ce génie si varié et si vaste, et qu'à la tête de la traduction d'un de ses meilleurs écrits, une notice abrégée sur ses travaux littéraires serait à sa place. Une énumération détaillée et complète nous aurait conduits trop loin, et la biographie d'un écrivain illustré par tant de grands ouvrages pourrait devenir elle-même la matière d'un ouvrage considérable.

Nous comptons dans peu faire suivre cette traduction de celles de deux ouvrages allemands. L'un est le livre de M. *Goerres*, intitulé *la Sainte-Alliance et les Peuples au Congrès de Vérone*; production remarquable qui attire en ce moment l'attention publique. L'autre, dont l'auteur a suppléé à l'intérêt de circonstance et à l'importance du sujet par l'attrait d'une composition ingénieuse, est une nouvelle historique qui a pour titre *les Étoiles et les Perroquets*, et qui est due à M. *Varnhagen d'Euse*, ancien ministre plénipotentiaire du roi de Prusse, l'un des écrivains allemands les plus distingués de l'époque actuelle.

NOTICE ABRÉGÉE
SUR LA VIE ET LES OUVRAGES
DE M. GOËTHE.

L'homme célèbre à qui l'on doit l'ouvrage dont nous faisons paraître aujourd'hui la traduction, est considéré comme le plus grand écrivain que l'Allemagne ait vu naître. Ceux même qui auraient eu le plus de titres à lui opposer, tels que Schiller, Viéland, etc. reconnaissaient sa supériorité par leurs hommages. Il leur a survécu, et c'est sur sa tête que la gloire littéraire de la Germanie repose aujourd'hui tout entière.

Jean VOLFGANG DE GOËTHE est né à Francfort-sur-le-Mein, le 28 août 1749. Son père, conseiller impérial à la cour d'Autriche, jouissait de beaucoup de considération, et d'une honnête aisance. Cette situation est, comme on sait, la plus propre à développer les talens dans ceux qui ont reçu ces heureux dons de la nature. Plus bas, l'homme est emprisonné dans le cercle de ses besoins; plus haut, dans celui de ses préjugés. Trop souvent l'extrême richesse rend absurde, comme l'extrême misère rend stupide : c'est presque toujours d'un état intermédiaire que sont sortis ceux qui, par leur génie, ont été les bienfaiteurs du genre humain.

Élevé dans une des premières universités de l'Allemagne, M. Goëthe mit à profit les savantes instructions de ses maîtres. Après avoir étudié le droit à Leipsick, très jeune encore il reçut le bonnet de docteur à Strasbourg, et s'établit en 1771 à Veitzlar, siége de la chambre impériale. Mais ces études sérieuses, où déjà son esprit déployait sa sagacité, ne suffisaient pas à l'activité de son imagination naissante ; les feux de son génie demandaient à se répandre au dehors ; la moindre étincelle suffit pour les allumer. Une aventure tragique arrivée sous ses yeux lui fournit le sujet d'un ouvrage qui, rapidement composé, devait jeter un éclat durable (le roman si connu sous le titre des *Souffrances du jeune Verther*). Ce livre marqua dès lors le rang de son auteur dans la littérature. Jamais talent plus décidé n'avait fixé l'attention publique. Les hommes les plus distingués joignirent leurs suffrages à ceux de la multitude. Accueilli dans une des cours les plus brillantes et les plus éclairées de la Germanie, M. Goëthe trouva dans le jeune prince Charles-Auguste de Veimar un ami plutôt qu'un protecteur. Il le suivit dans ses voyages en Allemagne et en Suisse, et fut, à son retour, nommé conseiller privé, et ensuite président du conseil du grand-duché de Veimar.

M. Goëthe, dans sa jeunesse, voyagea aussi en France. Il se lia, pendant son séjour, avec ceux des grands écrivains du dix-huitième siècle qui vivaient encore. Il a, dans tous ses ouvrages, fait éclater son estime pour eux, et en a donné des preuves, en traduisant dans sa langue *le Neveu de Rameau*, de Diderot; le *Tancrède* et le *Mahomet*, de Voltaire.

Le succès de *Verther* a fait époque en Allemagne; c'est sans contredit un des plus étonnants dont les fastes de la littérature aient jamais fait mention. Une circonstance dut y contribuer, indépendamment du talent que l'auteur a déployé dans cet éloquent ouvrage. Jusqu'alors les muses germaniques avaient produit des écrits très estimables, mais aucun qui eût arraché des pleurs de tous les yeux, porté le trouble et l'attendrissement dans tous les cœurs. Le succès du *Verther* de M. Goëthe peut être comparé à celui qu'obtint autrefois le *Cid* de Corneille, à la naissance de l'art dramatique en France.

L'homme de génie qui apporte le premier à un peuple des jouissances vives et jusqu'alors inconnues, est reçu comme Prométhée apportant le feu du ciel. D'autres peuvent ensuite marcher sur ses traces, mais n'excitent plus les mêmes transports, parce que le public n'a plus, comme dans la nouveauté, la surprise de son admiration et de ses larmes.

Verther fut long-temps d'un bout de l'Allemagne à l'autre le sujet des conversations, l'objet des discussions des journaux : on en copia le style dans les discours, dans les ouvrages; on adopta jusqu'au costume qu'il avait plu à l'auteur d'attribuer à ses personnages; et pendant quelque temps un homme qui voulait faire bien penser de son cœur et de son esprit, ne pouvait paraître décemment dans le monde qu'avec *le pantalon bleu et le frac jaune*, costume du sentimental Verther. Quelques jeunes insensés allèrent jusqu'à l'imiter lorsqu'il commet *la seule action de la vie dont on soit sûr de ne pouvoir se repentir*. M. Goëthe ne se doutait pas qu'un pareil genre d'imitation pût devenir contagieux; mais après avoir causé, à force de talent, un mal qu'il n'eût osé prévoir, il se crut obligé d'honneur à le réparer; et conspirant contre son propre ouvrage, dans d'excellentes comédies, il employa l'arme du ridicule à combattre cette manie sentimentale, que lui-même avait tant contribué à répandre. Il réussit dans ce dessein; ses sages plaisanteries guérirent les esprits qu'avait trop ébranlés son éloquence romantique; et il prouva que le génie est un enchanteur qui tient dans ses mains les passions des hommes aussi-bien que leur raison.

La poésie et le théâtre lui préparaient des succès non moins éclatants : déjà certain de son ascendant sur les opinions de ses compatriotes, M. Goëthe le fit servir à une révolution qu'il jugea nécessaire d'opérer dans la littérature allemande.

A cette époque, l'éclat prodigieux dont la nation française avait brillé dans les arts et dans les lettres pendant le siècle de Louis xiv et le siècle suivant, en avait répandu l'imitation chez les peuples de l'Europe; les écrivains de tous les pays prenaient les nôtres pour modèles; il y avait une école française en Angleterre, une école française en Allemagne. Dans cette dernière contrée, les ouvrages de Hagedorn, de Gellert, de Weiss, etc. n'étaient que du français appesanti; rien d'original, rien qui fût conforme au génie naturel de la nation. Ces auteurs voulaient atteindre à la grâce française, sans que leurs habitudes ni leur genre de vie leur en donnassent l'inspiration : cette étude se sent à chaque page dans les œuvres de Viéland, le meilleur des écrivains allemands de cette époque.

M. Goëthe s'indigna de cet esprit de servitude; il sentit que la littérature allemande n'atteindrait jamais à la hauteur des autres littératures célèbres de l'Europe, et ne pourrait figurer au même rang, si on ne lui imprimait un caractère qui lui fût propre, une physionomie nationale. Il donna le conseil et l'exemple, en publiant des poëmes dramatiques et narratifs, d'une forme absolument neuve et originale. Tout suivit cette heureuse impulsion ; l'ancien genre fut abandonné ; on renonça à l'esprit d'imitation. Les bons auteurs du temps obéirent aux leçons de M. Goëthe comme aux ordres d'un chef, et avec lui fondèrent une véritable école allemande.

Assurément ce n'était point par antipathie pour la France, ou pour ses hommes illustres, que M. Goëthe détournait ses compatriotes d'une imitation servile à leur égard. Il avait été l'ami de plusieurs d'entre eux ; il a toujours professé pour eux l'admiration la plus vive ; mais il avait le noble orgueil d'être leur rival et non leur copiste, et d'arriver comme eux à la gloire ; mais en s'ouvrant de nouvelles routes, et non en se traînant sur leurs pas dans les chemins qu'ils avaient frayés.

Qu'un amour-propre mal entendu ne nous fasse point regretter le temps où les Allemands prenaient nos grands écrivains pour modèles. Rendons plutôt justice au noble sentiment d'émulation qui les a portés à ne rien devoir qu'à eux-mêmes ; il est certain que s'ils n'avaient jamais su qu'emprunter à nos écrivains, nous n'aurions rien à leur emprunter aujourd'hui, et nous ne lirions pas leurs ouvrages avec une avide curiosité. Si ce n'est pour notre gloire, du moins pour nos plaisirs, il vaut mieux qu'ils soient nos dignes rivaux que nos faibles imitateurs.

Au reste, ce n'est pas sans difficultés et sans combats que Goëthe est parvenu à faire triompher ses innovations littéraires, et surtout dramatiques. Ses premières pièces étaient d'un genre si neuf, si hardi, si étrange, si peu en rapport avec ce qu'on avait l'habitude de représenter en Allemagne, qu'on n'aurait voulu les jouer sur aucun théâtre. Mais un des traits caractéristiques de M. Goëthe, c'est le dédain et l'indifférence pour la gloire. Son talent n'est point pour lui un instrument de fortune et de succès, c'est une puissance irrésistible à laquelle il ne fait qu'obéir et se dévouer. Sitôt qu'il eut conçu le plan de son *Faust*, de *Goëtz de Berlichingen*, il se livra à l'enthousiasme de la composition, à l'inspiration du génie, sans songer si l'on voudrait jouer ses drames, ou même si la représentation en serait praticable. Ses pièces achevées, il les fit imprimer, sans peut-être s'inquiéter davantage de savoir si on les lirait. Elles n'étaient pas de nature à demeurer ensevelies. Elles contiennent les plus beaux vers, non seulement qui soient sortis de la plume de M. Goëthe, mais même qui aient jamais été composés dans la langue allemande. Il n'y a point de personne un peu instruite qui n'en sache des morceaux par cœur. Qu'est-il arrivé? Une fois que la réputation de ces drames a été établie à la lecture, des directeurs de spectacles ont cru, avec raison, que leur représentation exciterait puissamment la curiosité publique : ils ne se sont pas trompés, on est accouru en foule, on a applaudi avec transport. Ainsi le désintéressement littéraire de M. Goëthe a reçu sa récompense, il a obtenu tous les succès qu'il n'a point ambitionnés; et c'est son dédain pour la gloire même qui a le plus contribué à sa gloire.

Dès lors, secondé de Schiller, il réussit complétement à donner au théâtre allemand une forme nouvelle. Il ne composa point ses ouvrages d'après le goût du public; mais le goût du public se forma d'après ses ouvrages. Les règles sont les lois de l'empire des arts; le génie est le souverain, et il a le droit d'en changer les lois.

Tandis qu'il consommait la réforme du théâtre allemand, d'innombrables poésies dans tous les genres, des poëmes héroïques, des odes, des idylles, des épîtres, des romances, etc. sortaient chaque jour de sa plume féconde et intarissable. Quand la Germanie ne compterait d'autres richesses littéraires que les ouvrages de Goëthe, d'après leur nombre, leur importance et leur variété, elle pourrait rivaliser avec les peuples qui possèdent en ce genre d'immortels trésors.

Les travaux multipliés par lesquels Goëthe opérait cette réforme salutaire dans la littérature de sa nation [1], semblaient devoir l'occuper tout entier. Pourtant ils ne suffisaient pas à l'activité de ses pensées. Il cherchait dans le même temps à étendre sa sphère, à y faire entrer la théorie des arts : plusieurs écrits qu'il publia vers cette époque, sur la peinture, sur l'architecture, attestent les excursions de son génie dans ce nouveau domaine.

Mais, pour mieux approfondir les principes du beau idéal, objet des arts d'imitation, il voulut en étudier les monuments dans leur terre natale.

En 1782 il partit pour l'Italie, et employa trois années à la parcourir. Il s'arrêta quelque temps à Rome; enthousiaste des chefs-d'œuvre qui peuplent la capitale du monde, en foulant cette terre classique du génie, il en recevait des inspirations nou-

[1] Au nombre des services éternels que lui ont rendus M. Goëthe et les poètes de son école, il faut compter l'heureux changement du système de versification suivi jusqu'alors. Haller et les anciens imitateurs de la manière française avaient adopté ces lourds hexamètres calqués sur nos vers alexandrins, et qui rendaient la poésie allemande insupportable. Goëthe et Schiller ont employé un rhythme conforme à la prosodie de leur langue, analogue à celui des vers italiens et anglais.

velles, il approfondissait la théorie des arts; ses ouvrages se succédaient avec rapidité; loin des yeux de ses compatriotes, il se rendait sans cesse présent à leurs pensées en leur donnant de nouveaux plaisirs. A aucune époque de sa vie, ni les voyages qu'il a entrepris, ni les emplois publics dont il a été revêtu, n'ont interrompu cette série de productions remarquables dont il a enrichi la littérature allemande.

A son retour d'Italie, il revint à la cour de Veimar, dont il ne s'est plus éloigné depuis cette époque. Le grand-duc, dont il s'était concilié l'amitié par ses talents, avait aussi attiré près de lui d'autres favoris des muses, Viéland, Herder, Schiller, etc. Il avait fondé dans ses petits états une colonie de grands hommes; Veimar était à bon droit surnommé l'*Athènes de l'Allemagne*; et comme les pays sont plus connus par le mérite de leurs habitants que par l'étendue de leur territoire, cette partie de la Germanie appelait les regards du public éclairé plus que de grandes monarchies, qui ne faisaient point parler d'elles, du moins par des triomphes littéraires.

Les écrivains célèbres que nous venons de nommer reconnaissaient M. Goëthe pour leur chef et leur modèle. Malgré la diversité d'idées, qui tient sans doute à celle de l'organisation parmi des hommes supérieurs en des genres différents, on vit régner entre eux une concorde inaltérable; surtout Goëthe et Schiller étaient étroitement liés. Ils parcouraient la même carrière, celle du théâtre, avec d'éclatants succès sans jalousie mutuelle; ces rivaux de gloire étaient d'intimes amis : c'est là, n'en doutons pas, le plus beau trait de leur éloge.

Remplissant de hautes fonctions politiques, M. Goëthe n'a pas cru en compromettre la gravité, en y joignant la place de directeur du théâtre de Veimar. On sent que le théâtre n'a pas eu à se plaindre d'avoir pour directeur un poète qui était en même temps premier ministre; et les affaires d'état ne souffraient pas davantage d'être confiées à un ministre en même temps bon poète et grand auteur.

M. Goëthe rassemblait habituellement chez lui une société nombreuse; les voyageurs qui se trouvaient à Veimar briguaient l'avantage d'y être admis. La conversation roulait, dans ces réunions, sur la poésie, sur les arts, sur la philosophie, etc. Il ne faut pas être étonné de l'impulsion que reçut à cette époque la littérature allemande : elle avait alors ce qui lui a manqué presque toujours, un centre d'unité et d'action; et, pour emprunter une de ses expressions, M. Goëthe en tenait chez lui les états généraux.

Correspondant de l'Institut de France, membre des principales académies de l'Europe, il a obtenu, sans les ambitionner, tous les honneurs littéraires. Francfort-sur-le-Mein, sa ville natale, lui a érigé une statue; exemple que d'autres cités de la Germanie s'empressent d'imiter.

Les étrangers ont joint leurs suffrages à ceux de ses compatriotes. L'homme qui a vu quelque temps l'Europe entière à ses pieds, durant son séjour à Erfurt, en 1807, désira de voir M. Goëthe; et, après un entretien long et animé, il détacha de sa boutonnière la croix de la légion d'honneur, pour en décorer l'écrivain et l'homme d'état recommandable à tant de titres, et dont il venait d'apprécier la supériorité.

Après ce que nous avons rapporté des travaux de cet homme illustre, de ses relations importantes, des services qu'il a rendus à la littérature, on ne doit pas être étonné de la prodigieuse influence qu'il exerce sur l'esprit de ses compatriotes. « Il y a une foule d'hommes en Allemagne, dit madame de Staël, qui croiraient trouver du génie sur une adresse de lettre, si c'était lui qui l'avait mise. » L'admiration pour Goëthe est une espèce de confrérie dont les mots de ralliement servent à faire connaître les adeptes les uns aux autres. Quand les étrangers veulent aussi l'admirer, ils sont rejetés avec dédain; si quelques restrictions laissent supposer qu'ils se sont permis d'examiner des ouvrages qui gagnent cependant beaucoup à l'examen. Un homme ne peut exciter un tel fanatisme sans avoir de grandes facultés pour le bien et pour le mal ; car il n'y a que la puissance, dans quelque genre que ce soit, que les hommes craignent assez pour l'aimer de cette manière.

M. Goëthe connaît l'étendue de son empire sur l'esprit de ses compatriotes. Il jette sur la littérature nationale les regards d'un législateur. « Quand le goût allemand lui paraît pencher vers un excès quelconque, il tente aussitôt de lui donner une direction opposée. On dirait qu'il administre l'esprit de ses concitoyens comme son empire, et que ses ouvrages sont des décrets par lesquels il combat les exagérations en sens contraire, et proscrit les abus qui s'introduisent dans l'art. »

Cette idée que M. Goëthe gouverne l'opinion avec des livres comme un souverain avec des édits, n'est pas une métaphore ingénieuse, mais l'expression fidèle de la vérité.

C'est ainsi qu'on l'a vu réparer par ses comédies (*le Triomphe de la Sentimentalité*, et plusieurs autres) l'abus que des esprits trop disposés à l'exaltation avaient pu faire de son *Verther*.

Lorsque la littérature allemande était inondée

d'imitations des ouvrages français, ou les règles étroites étaient scrupuleusement et même servilement observées, M. Goëthe publia *Goetz de Berlichingen*, *Faust*, et d'autres ouvrages du même genre, voulant balancer l'excès de la servilité d'imagination par l'excès de son indépendance. Lorsqu'au contraire, on ne représentait plus sur les théâtres d'Allemagne que des drames bourgeois et des mélodrames à grand spectacle, remplis de chevaux et de chevalerie, Goëthe composa son *Iphigénie en Tauride* pour ramener les esprits à l'admirable simplicité des anciens.

L'anecdote suivante sur un des ouvrages de M. Goëthe (le roman de *Meister Vilhem*) donnera une idée de cet ascendant irrésistible qu'il exerce sur l'opinion publique, non seulement en littérature, mais sur des sujets bien plus importants. Par ses premiers écrits, il avait fait une révolution dans la littérature ; par celui dont nous parlons, il fut sur le point de faire naître une nouvelle secte religieuse.

M. Goëthe publia cet ouvrage à la fin du dernier siècle.*

Ce n'est pas, comme *Werther*, un roman de sentiments, de passion, dont les phrases brûleraient le

*Ce livre, très célèbre en Allemagne, est en France assez peu connu.

papier si le lecteur ne les arrosait de ses larmes : *Meister Vilhem* est un roman philosophique, comme *Jacques le Fataliste*, de Diderot, comme *Candide* et tous les romans de Voltaire. Dans l'ouvrage de Goëthe, l'action est peu de chose ; ce qui attache dans ce livre, ce sont des accessoires plus importants que le principal, une foule de questions de morale et de philosophie présentées sous des points de vue neufs et inattendus. D'utiles vérités y sont développées avec force, quelquefois avec une teinte paradoxale qui donne plus d'effet à la couleur du tableau.

Dans un de ses brillants chapitres, l'auteur soutient que l'esprit nous trompe plus que le sentiment, que les calculs de la raison et de l'intérêt ne servent souvent qu'à nous rendre très malheureux, que chacun de nous porte intérieurement l'instinct de son bonheur, qu'il faut avoir plus de foi qu'on n'en a aux oracles de l'imagination, et que la poésie de la vie est plus réelle que la réalité même. Il ajoute : « Le vrai principe de conduite, celui qui doit dominer toute l'existence, c'est d'apprendre à transformer une vie idéale en une vie réelle. » Là-dessus, force compliments à l'idéal, force reproches au réel. L'auteur entre dans des développements étendus et ingénieux.

Je ne sais si c'était de sa part un jeu d'esprit ;

mais ses lecteurs le prirent au mot. Son livre ayant une grande vogue, mit l'idéal tout-à-fait à la mode.

Un disciple de M. Goëthe voulut renchérir sur son maître. Ce dernier avait établi qu'il fallait, pour être heureux, se conduire par instinct et non par calcul, préférer aux spéculations de l'esprit les inspirations du sentiment : il avait prescrit l'idéal comme régime de bonheur. Le disciple alla plus loin, et en fit la base de la morale. Selon lui, les calculs, les préceptes des droits et des devoirs mutuels devaient être mis de côté. Pour être vertueux, il fallait n'en croire que la conscience, la voix intérieure, l'instinct moral, idéal et poétique. Ce système obtint beaucoup de succès, présenté sous le nom de M. Goëthe ; et cela s'appela de l'*esthétique morale*.

Un second disciple, encore plus ambitieux dans sa métaphysique, voulut porter l'idéal dans la religion. Il posa en principe que le poétique, le mystérieux de l'existence étant plus réel que les réalités sensibles, il ne faut point soumettre à une discussion logique les vérités religieuses ; mais qu'on doit croire à tout sans examen, par inspiration, et s'élever à Dieu par l'imagination et non par le raisonnement.

Ce système réussit on ne peut davantage ; il fit des progrès en peu de temps : on sait que les Allemands ont de la disposition au *mysticisme*.

Cela s'appela de l'*esthétique religieuse*. L'esthétique du bonheur, de la morale et de la religion présentait un ensemble imposant.

Peu s'en fallut qu'il ne s'élevât une secte dont M. Goëthe eût été le chef, et son roman nouveau en aurait été l'évangile.

Les ministres protestants sonnèrent l'alarme. Ils prétendirent que ce système sur l'idéal ébranlait le protestantisme dans ses bases, puisque ce qui le constitue, c'est qu'il permet l'examen du dogme, et soumet la foi à la raison; tandis que le caractère du catholicisme est d'exiger une croyance sans examen, sans bornes, et d'obliger la raison à se soumettre à la foi. Ils soutinrent que la doctrine de M. Goëthe, sur l'idéal, les ramenait par la poésie au catholicisme. Plus le chemin était agréable et semé de fleurs, plus ils étaient effrayés. Ils voyaient dans la poésie une dangereuse enchanteresse, une autre Armide qui venait, par ses séductions, enlever des croyants à leur foi et à leurs autels.

M. Goëthe trouva que ses disciples étaient allés beaucoup trop loin. Cet homme éclairé n'avait nulle envie d'être le réformateur de la réformation. Les triomphes littéraires avaient plus de charmes pour lui, et il ambitionnait plutôt l'honneur d'être le Voltaire de son pays que celui d'être un nouveau Luther.

Pour se disculper du reproche d'avoir cherché à fonder une secte religieuse, il publia coup sur coup divers écrits marqués du sceau d'une philosophie assez indépendante ; il fit paraître sa traduction du *Neveu de Rameau*, ses *Jugements sur les hommes qui ont illustré la France au dix-huitième siècle* (que nous traduisons aujourd'hui), et plusieurs ouvrages scientifiques, par lesquels il voulut prouver aux lecteurs trop faciles à se laisser prévenir, que l'*illuminisme* n'était point sa passion dominante, et aux philosophes religieux, mais éclairés, qu'il ne s'était point séparé d'eux.

Nous ne sommes entrés dans le détail de cette anecdote, d'ailleurs assez curieuse en elle-même, que pour prouver par un exemple l'extrême importance que les Allemands attachent à toutes les productions de M. Goëthe.

Maintenant, si nous voulons jeter un coup d'œil sur l'ensemble de ses travaux littéraires, un simple aperçu va suffire pour nous prouver qu'en France on est loin d'en connaître l'importance et l'étendue.

Ses tragédies, avec autant d'intérêt que celles de Schiller, offrent plus de variété. *Egmont* est la plus belle de toutes; le sujet est un des plus heureux qu'un auteur dramatique pût choisir; l'histoire attache les plus touchants souvenirs au nom du héros de cet ouvrage, à sa brillante valeur, à sa fin cruelle et prématurée. Les caractères sont savamment contrastés : la politique prudente du prince d'Orange fait ressortir l'impétueuse témérité d'Egmont. Le despotisme farouche du duc d'Albe est opposé à l'enthousiasme de la liberté et de la patrie dont les Belges sont animés. L'auteur peint ces grands objets des couleurs les plus fortes et les plus brillantes. Il y mêle des teintes plus douces par le touchant épisode de Clara : ce mélange de terreur, de pathétique et d'admiration, des plus puissants intérêts de la politique, et des sentiments de l'amour le plus vrai et le plus naïf, réunis naturellement dans le même cadre, forment un des plus riches tableaux dramatiques qu'ait jamais tracés la main de Melpomène.

Après *Egmont*, *le Tasse* est la tragédie qui offre le plus de beautés. Dans la première de ces pièces, la politique est sur le premier plan ; dans la seconde c'est l'amour ; il est ici plus brûlant, plus sombre. M. Goëthe a su conserver à la malheureuse passion que ressent le Tasse pour la sœur du duc de Ferrare la teinte du midi, la couleur locale. Le Tasse, cet exemple de toutes les splendeurs et de tous les revers d'un beau talent, offrait un des contrastes les plus propres à ébranler fortement l'imagination ; l'auteur a su y joindre une opposition non moins frappante et plus instructive,

celle qui existe entre l'indépendance du talent et
les convenances sociales, entre le caractère du
poète et celui de l'homme de cour, dont la tête est
refroidie et le cœur desséché par la connaissance
des affaires. Il a montré le mal que fait la protection d'un prince à l'imagination d'un écrivain, lors
même que ce prince aime les lettres, ou feint de les
aimer. Ce contraste soutenu du politique et du
poète donne à cette pièce le mérite d'une tragédie
de caractère. Goëthe, comme Voltaire, aime à faire
entendre sur la scène de grandes vérités philosophiques et morales; le théâtre n'est pour lui qu'un
moyen de les manifester, et il y tient quelquefois
plus qu'à leur enveloppe poétique. C'est ainsi qu'en
sa tragédie de *Cophtha*, il craignit que le public ne
saisît pas d'abord toutes les leçons utiles qu'elle ren-
fermait, et il fit paraître en même temps une dis-
sertation en prose, où le but philosophique de cette
pièce était exposé. Cette précaution, il faut l'avouer,
n'était point superflue; et l'auteur ne devait s'en
prendre qu'à lui-même : l'éclat de son talent nui-
sait au succès de ses intentions. Le spectateur
qu'éblouissent les beautés poétiques ne songe plus
au but moral d'un ouvrage : il est alors comme
Atalante, à qui l'on fait perdre de vue le but de la
carrière en lui jetant des pommes d'or.

Nous avons déjà eu l'occasion de remarquer le

contraste qui existe entre *Iphigénie en Tauride*, où les règles les plus sévères de la tragédie antique sont scrupuleusement observées, et *Goetz de Berlichingen*, traité dans le genre désordonné de Shakespeare, mais aussi avec sa manière large et ses sauvages beautés. Cette pièce, également intitulée *le Chevalier à la main de fer*, est la peinture la plus vraie du règne de la féodalité, de ce *bon vieux temps* si vivement regretté par quelques chevaliers de nos jours, *dont les mains* (comme on l'a judicieusement remarqué), *peut-être moins fortes pour combattre l'ennemi, seraient encore de fer pour opprimer le peuple.*

On représente sur tous les théâtres de l'Allemagne les drames de Goëthe (*Stella, la Fille naturelle; Clavijo, ou la Jeunesse de Beaumarchais*, etc. L'*Eugénie* du même, plutôt imitée que traduite, et corrigée très heureusement). Le meilleur de ces drames, du moins le plus philosophique et le plus moral, est intitulé *la Vie et l'Apothéose de l'Artisan.* On joue aussi très souvent les comédies étincelantes de gaîté et d'esprit, *l'Humeur des Amants, Ervin et Elmire, les Complices, la Foire de Plaunders-Veilern, le Sonneur de cloches, le Frère et la Sœur, le Triomphe de la Sentimentalité*, etc.

Parmi ses opéra (*Paleophron et Néoterpe, Lilla, Jerry et Boeterly,* etc.), plusieurs se rapprochent du genre de l'idylle; et l'écrivain à qui l'on doit ces gracieuses pastorales est aussi l'auteur de *Faust*, de ce drame original et terrible, qui semble, parmi les compositions théâtrales, ce que le bizarre et sublime poëme du Dante est parmi les productions de la muse épique. Ce drame de *Faust*, l'un des plus beaux titres de son auteur à une renommée durable, n'a commencé à être connu en France que très récemment, par l'analyse que madame de Staël en a donnée (dans le chap. xxiii de son livre *sur l'Allemagne*). Il serait à souhaiter qu'on prît cette analyse pour modèle dans la traduction complète qu'on en prépare; les beaux vers de l'original seraient du moins rendus en prose animée et éloquente. Nous craignons de nous engager dans quelques réflexions sur cette production étonnante, de peur de ne pouvoir plus nous arrêter; car elle en ouvre une source intarissable. Qu'on nous permette d'en hasarder une seule: c'est qu'il n'est point d'ouvrage qui doive paraître plus extraordinaire à des Français, parce qu'il n'en est point de plus diamétralement opposé au genre de nos auteurs: nous sommes aussi étrangers à ses beautés qu'à ses défauts. Sur notre théâtre, grâce à l'observation des règles classiques, les événements sont naturels et vraisemblables; mais ce qui est trop souvent faux, forcé, apprêté, sans naturel, sans vérité locale, ce sont les mœurs et les sentiments des personnages. Au contraire, dans le drame dont nous parlons, les événements sont les plus hors de la nature, la composition la plus étrange qu'on puisse imaginer. L'ami du héros est un démon sous une forme humaine (Méphistophélès); il mène Faust à un sabbat de sorcières; des diables et des anges prennent part à l'action, et à la fin l'esprit de l'abîme emporte Faust au fond des enfers. Mais dans cet amas de fictions incroyables, ce qui est naturel, ce sont les sentiments des personnages : le dialogue est saisissant de vérité. Y a-t-il rien dans tous les poètes anciens ou modernes qui soit d'une naïveté plus déchirante que les scènes de l'infortunée Marguerite? Cet art d'être profondément vrai par les détails dans une composition tout-à-fait fantastique n'appartient qu'à l'auteur de *Faust*; c'est par là qu'il fait illusion, et qu'il donne de la consistance et de la réalité à cette fantasmagorie dramatique. Il s'empare du cœur en même temps qu'il ébranle l'imagination : c'est en quelque sorte avoir retrouvé le secret d'Homère, chez lequel tous les événements sont merveilleux et tous les sentiments naturels.

Dans la poésie narrative, les principaux ouvrages de Goëthe sont : *Hermann et Dorothée** et *Renard*

* Ce poème a été plusieurs fois traduit en français; la première traduction est celle que fit paraître Bitaubé : M. de Humboldt a publié sur *Hermann et Dorothée* un commentaire très étendu, et rempli de réflexions philosophiques et piquantes.

de Reineck. D'autres moins étendus (tels que *la Mission de Jean de Saxe*) offrent des beautés non moins remarquables. Goëthe, comme Voltaire, imprime le sceau du génie à un morceau de dix à douze vers aussi bien qu'à un poëme en plusieurs chants; sa muse a tous les tons, aussi touchante dans ses élégies, dans ses romances, que mordante dans ses épîtres satiriques. Ses innombrables poésies fugitives ont autant contribué à sa renommée que ses grandes compositions. Si la qualité dominante de Voltaire est l'esprit, celle de Goëthe est l'imagination. Chacun de ses petits ouvrages est ordinairement le récit d'une action, ou gaie, ou pathétique, ou effrayante : quelque resserré que soit le cadre, le tableau est toujours d'un grand maître.

C'est ce qui rend surtout ses poésies élégiaques si intéressantes et si supérieures à tout ce que les Français possèdent en ce genre. *La Bayadère*, une de ses plus agréables romances, nous en offre l'exemple. Il suppose qu'un dieu de l'Inde se revêt de la forme mortelle pour juger des peines et des plaisirs des hommes après les avoir éprouvés. Il voyage à travers l'Asie, observe les grands et le peuple; et comme un soir, au sortir d'une ville, il se promenait sur les bords du Gange, une Bayadère l'arrête et l'engage à se reposer dans sa demeure. Il y a tant de poésie, une couleur si orientale dans la peinture des danses de cette Bayadère, des parfums et des fleurs dont elle s'entoure, qu'on ne peut juger d'après nos mœurs un tableau qui leur est tout-à-fait étranger. Le dieu de l'Inde inspire un amour véritable à cette femme égarée; et touché du retour vers le bien qu'une affection sincère doit toujours inspirer, il veut épurer l'âme de la Bayadère par l'épreuve du malheur. A son réveil, elle trouve son amant mort à ses côtés : les prêtres de Brama emportent le corps sans vie que le bûcher doit consumer. La Bayadère veut s'y précipiter avec ce qu'elle aime; mais les prêtres la repoussent, parce que n'étant pas son épouse, elle n'a pas le droit de mourir avec lui. La Bayadère, après avoir ressenti toutes les douleurs de l'amour et de la honte, se précipite dans le bûcher malgré les brames. Le dieu la reçoit dans ses bras; il s'élance hors des flammes, et porte au ciel l'objet de sa tendresse, qu'il a rendu digne de son choix.[1]

Un sujet grec a fourni à M. Goëthe le sujet d'une composition non moins gracieuse. On lit dans un auteur ancien qu'une jeune fille habile dans l'art de tresser les fleurs lutta contre son amant qui savait les peindre. Telle est la scène qu'a retracée dans

---

[1] On remarquera sans doute l'analogie frappante qui existe entre le sujet de cette romance et celui d'un des poëmes qui ont obtenu et mérité le plus de succès sur notre scène lyrique.

une idylle charmante l'auteur de *Werther*. Depuis le sentiment qui donne de la grâce, jusqu'au désespoir qui exalte le génie, Goëthe a parcouru toutes les nuances de l'amour.

Ce talent de semer de l'intérêt sur les moindres récits, l'auteur le porte jusque dans ses chansons populaires, telles que *la Ménagerie de Lily*, *le Chant de Noce dans le vieux Château*, *l'Élève du Sorcier*, dont le sujet est d'une originalité assez plaisante. Un disciple d'un sorcier a entendu son maître murmurer quelques paroles magiques à l'aide desquelles il se fait servir par un manche à balai : il les retient, et commande au balai d'aller lui chercher de l'eau à la rivière pour laver sa maison. Le balai part et revient, apporte un seau, puis un autre, puis un autre encore, et toujours ainsi sans discontinuer. L'élève voudrait l'arrêter, mais il a oublié les mots dont il faut se servir pour cela : le manche à balai, fidèle à son office, va toujours à la rivière, et toujours y puise de l'eau dont il arrose et bientôt submerge la maison. L'élève, dans sa fureur, prend une hache, et coupe en deux le manche à balai : alors les deux morceaux du bâton deviennent deux domestiques, au lieu d'un, et vont chercher de l'eau, et la répandent à l'envi dans les appartements avec plus de zèle que jamais. L'élève a beau dire des injures à ces stupides bâtous, ils agissent sans relâche, et la maison eût été perdue, si le maître ne fût arrivé à temps pour secourir l'élève, en se moquant de sa ridicule présomption.

On voit que dans ses poésies M. Goëthe a tous les tons. Parmi ses productions en prose, nous rappellerons d'abord ses trois romans célèbres dans des genres divers : l'un, de sentiment (si connu dans toutes les langues sous le nom de *Verther*) ; l'autre, de caractère (*les Années d'apprentissage de Wilhem Meister*) ; le dernier, d'intrigue (*les Affinités de choix*).

Le public allemand, habitué à cette universalité, qui n'est pas le caractère le moins remarquable de son génie, a vu avec admiration, mais sans étonnement, sortir de sa plume d'excellents *Traités de Jurisprudence, de Mathématiques*, soit pures, soit appliquées (notamment des vues curieuses sur *l'optique et la division des couleurs*), et un très beau travail sur la botanique, intitulé *des Métamorphoses des plantes*.

Dans les divers journaux qu'il a rédigés, dans ses *récensions* ou analyses d'ouvrages nouveaux, dans ses *Remarques sur les Hommes illustres de France au dix-huitième siècle* (dont nous publions actuellement la traduction), dans l'ouvrage qui a pour titre *Propylæn*, M. Goëthe fait voir à quel point il excelle dans la critique littéraire, de même que dans la *Vie de Benvenuto Cellini*, dans son *Vinckelmann*, il a su approfondir la théorie des arts d'imitation.

M. Goëthe a publié en 1813 la première partie des *Mémoires de sa vie*. Ils sont pleins de choses curieuses ; comme Jean-Jacques dans ses *Confessions*, l'auteur allemand répand du charme sur les plus petits détails par de piquantes réflexions, par l'art de raconter, par des digressions beaucoup plus importantes que les faits auxquels elles se rattachent. Le récit de l'auteur s'arrête après ses voyages en Italie. Il serait bien à souhaiter qu'il publiât la continuation de ses *Mémoires*. Des circonstances récentes, par exemple, le détail de sa conversation avec Napoléon, à Erfurt, en 1807, exciteraient vivement l'intérêt des lecteurs.

La collection des *Œuvres de Goëthe* a été publiée à Tubingue, de 1806 à 1810.

C'est en considérant le grand nombre de bons ouvrages qui la composent, c'est en contemplant cet ensemble imposant de travaux, que les Allemands s'écrient avec orgueil : *Goëthe est notre Voltaire !* D'après l'admiration que l'auteur du comte d'*Egmont* a toujours professée pour celui de *Zaïre*, c'est l'éloge dont il a dû être le plus flatté. On peut en effet saisir entre eux bien des traits de ressemblance. L'un est regardé comme le plus grand écrivain de la France, l'autre de la Germanie. L'un et l'autre ont possédé le talent d'écrire avec une égale supériorité en prose et en vers. Comme Voltaire, M. Goëthe a réussi dans presque tous les genres même les plus opposés. Comme Voltaire, il rassemble en lui seul deux hommes qu'on voit rarement réunis, un grand poète, et un grand philosophe ; de là vient sa prodigieuse influence sur les opinions de ses compatriotes ; en même temps qu'il éclairait les esprits, il entraînait les cœurs ; et son génie était à la fois une force et une lumière. Le philosophe prêtait au poète sa pénétration, sa profonde connaissance du cœur humain ; le poète communiquait au philosophe son âme ardente et passionnée. Mais il faut dire aussi que dans M. Goëthe souvent ces deux hommes vivent mal ensemble ; souvent le philosophe s'irrite contre le poète, et lui reproche d'avoir perdu à peindre les passions et leur délire, le temps qu'il aurait pu consacrer à faire triompher la raison. « Goëthe (dit l'auteur de l'Allemagne) se plaît à briser les fils qu'il a tissus, à déjouer les émotions qu'il excite, à renverser les statues qu'il a fait admirer. Lorsque dans ses fictions il inspire de l'intérêt pour un caractère, bientôt il montre les inconséquences qui doivent en détacher. Il dispose du monde poétique comme un conquérant du monde réel, et se croit assez fort pour introduire comme la nature le génie destructeur dans ses ouvrages. »

Ce n'est point, comme le suppose madame de Staël, de dessein prémédité que M. Goëthe se plaît à élever des idoles pour les abattre ; cette apparente contradiction est l'effet naturel et involontaire du désaccord qui existe en lui quelquefois entre le poète et le philosophe. Il y a combat dans son âme : tantôt son ardente imagination l'emporte, tantôt l'avantage reste à sa raison supérieure.

Un pareil contraste de sentiments et d'opinions se remarque dans sa conversation, qui n'en devient par là que plus originale et plus piquante, et dans laquelle on trouve les divers genres de mérite qui brillent dans ses écrits.

La nature l'a traité en favori ; elle a joint à ses talents des dons non moins précieux, une santé robuste, une figure noble et majestueuse ; ses traits comme son esprit ont prolongé leur jeunesse au-delà du terme marqué aux autres hommes. Agé de plus de soixante-dix années, il n'avait pas un cheveu blanc. A cette occasion, un de ses compatriotes lui adressa des vers dont les derniers peuvent ainsi se traduire en français :

Sous ses mille lauriers sa tête rejeunie
Ignore encor les cheveux blancs :

Il oppose à l'hiver des ans
L'éternel printemps du génie.

Il a possédé encore de plus rares avantages : accueilli des princes, admiré du public, il a joui paisiblement de sa renommée ; on lui rend des honneurs dans sa patrie, on n'y défend pas ses ouvrages. Durant tout le cours de sa longue carrière, il a offert la preuve d'une vérité honorable à ses concitoyens, c'est qu'en Allemagne les hommes illustres sont moins qu'ailleurs en butte aux fureurs de l'envie, qui, dans d'autres contrées, souvent les proscrit pendant leur vie, et poursuit encore leur mémoire long-temps après qu'ils ne sont plus.

DES
HOMMES CÉLÈBRES
DE FRANCE
AU DIX-HUITIÈME SIÈCLE,

ET DE L'ÉTAT DE LA LITTÉRATURE ET DES ARTS
A LA MÊME ÉPOQUE.

I.

DES TRADUCTIONS.

Traduire, c'est se dévouer. En consacrant ses veilles à ce genre de travail aussi estimable que peu apprécié, il faut s'armer de l'indifférence la plus philosophique contre les injustices de l'opinion; il faut faire abnégation de toute espèce d'amour-propre, n'avoir en vue que l'utilité publique, n'ambitionner que la satisfaction d'ouvrir à ses concitoyens les trésors des littératures étrangères. Un traducteur doit avoir le courage du patriotisme, en renonçant à ses récompenses. Il ressemble à ces soldats qui se sacrifient pour leur pays, sans que leurs noms obscurs en recueillent l'honneur, et qui ont le dévouement des héros, mais n'en ont point la gloire.

Quand on réfléchit au nombre de qualités que doit réunir un bon traducteur ; à la nécessité de savoir à fond deux langues, d'en sentir toutes les nuances, toutes les délicatesses ; au talent d'écrire supérieurement dans la sienne, dont il doit être doué, pour rendre tous les effets d'un ouvrage étranger, étincelant de beautés de style (s'il s'agit d'une composition littéraire) ; aux connaissances approfondies qu'il doit posséder dans les sciences (s'il est question d'un livre de philosophie, de physique ou de mathématiques) ; il semble que dans le dédain du public pour les traductions, il y a défaut de justice et de reconnaissance.

La faute en est sans doute aux mauvais traducteurs. Ils pullulent en tous pays ; partout les esprits stériles, riches de prétentions et pauvres de talents, ont été charmés de trouver des étrangers qui pensassent pour eux, et se sont chargés du soin de les interpréter, sans être en état de les comprendre ; ils déshonorent leurs modèles et eux-mêmes.

Trop souvent, en effet, les traductions sont de véritables calomnies. Elles donneraient presque le droit à l'auteur traduit de poursuivre en diffamation ses prétendus interprètes, qui le perdent de réputation aux yeux d'une nation étrangère.

Une vérité dont on ne saurait trop se pénétrer pour bien traduire, c'est que non seulement le génie des langues, mais celui des peuples diffère, et que chaque nation, d'après son caractère, ses habitudes, ses mœurs, est plus sensible à certains genres d'impressions ; que telle classe d'idées est plus spécialement la source de ses émotions et de ses plaisirs : ce qui ne fait aucun effet sur un peuple, en transporte un autre d'admiration. Un écrivain connaît bien le goût de ses compatriotes ; mais lorsqu'il s'agit de deviner de loin, à force de pénétration, le goût des étrangers, on sent combien un pareil travail est difficile : et pourtant il est si indispensable à un traducteur, qu'il décide entièrement du succès de son entreprise. Il faut qu'il étudie cette double nature affective et intellectuelle de deux peuples; qu'il s'identifie, par exemple, avec l'esprit français, afin de sentir ce qui n'est beauté qu'en France, et ne doit point être reproduit ailleurs; et qu'il reste Allemand, afin d'y substituer ce qui est beauté en Allemagne : il faut pour ainsi dire qu'il soit en même temps deux hommes de pays différents.

Je crois être parvenu à bien discerner les qualités constitutives d'un bon traducteur. Ai-je pu parvenir également à donner une bonne traduction? je n'ose m'en flatter. Puissent du moins de plus habiles écrivains que moi puiser dans ces réflexions des lumières utiles! puissent mes conseils les éclairer au défaut de mes exemples! A cet égard, la traduction du *Neveu de Rameau* m'a beaucoup appris. C'est en me livrant à ce travail, que j'en ai vivement senti la prodigieuse difficulté. J'ai lutté contre elle, sans espoir d'en triompher entièrement; je n'ai point épargné mes efforts, et j'ai soutenu le combat, si je n'ai obtenu la victoire. Je persiste à penser, que de même qu'il est dans la société des travaux trop payés de gloire, dont l'opinion se surfait le prix, et qu'elle comble de récompenses imméritées, il en est qu'un aveugle préjugé traite avec ingratitude. Tels sont ceux qui nous occupent en ce moment. C'est à de bons traducteurs qu'il appartiendrait d'arracher ces tributs d'estime qui ne leur sont point offerts, et de contraindre, à force de talents, l'opinion injuste et avare, à devenir envers eux généreuse et équitable.

II.

VOLTAIRE.

Né en 1694, mort en 1778.

Lorsqu'une famille s'est fait remarquer durant quelques générations par des mérites et des succès divers, elle finit souvent par produire dans le nombre de ses rejetons un individu qui réunit les défauts et les qualités de tous ses ancêtres, en sorte qu'il représente à lui seul sa famille entière.

Il en est de même des peuples célèbres : la plupart ont vu naître dans leur sein des hommes profondément empreints de la physionomie nationale, comme si la nature les eût destinés à en offrir le modèle.

Enfin dans les diverses classes, et même dans les rangs les plus élevés de l'ordre social, des hommes en ont rassemblé tous les traits caractéristiques, au point d'identifier leur nom avec l'idée abstraite de ces rangs et de ces classes, et d'en paraître comme la réalité vivante.

On a vu en France deux mémorables exemples de ce genre de phénomène moral.

La nature créa, à l'étonnement du monde et à la gloire de la famille des Bourbons, Louis XIV, *l'homme souverain*, le type des monarques, le roi le plus *vraiment roi* qui ait jamais porté la couronne.

Elle produisit dans Voltaire l'homme le plus éminemment doué de toutes les qualités qui caractérisent et honorent sa nation, et le chargea de représenter la France à l'univers. (1)

Après avoir fait naître ces deux hommes extraordinaires, les types, l'un de la majesté royale, l'autre du génie français, la nature se reposa, comme pour mieux les faire apprécier, ou comme épuisée par deux prodiges.

Il faut qu'un homme possède bien des avantages pour que l'opinion reconnaisse en lui le caractère d'une supériorité incontestable. C'est surtout en France qu'un public difficile et dédaigneux n'arrête ses regards que sur l'extraordinaire. Ce n'est pas trop, pour conquérir ses suffrages, d'une multitude de talents; d'un esprit étendu, universel; de la réunion des qualités opposées, qui semblent le plus se combattre et s'exclure; à moins de merveilles, le Français n'admire point; mais la nature lui crée des merveilles pour le condamner à l'admiration.

Je ne sais si nous sommes plus sensibles aux beautés littéraires que les Français, mais nous sommes certainement moins avares de louanges; il suffit que le talent nous donne quelques plaisirs pour être l'objet de nos hommages. Même ce qu'il admire, le Français ne l'aime point; tandis que parmi nous on admire tout ce qu'on aime.

Profondeur, génie, imagination, goût, raison, sensibilité, philosophie, élévation, originalité, naturel, esprit, bel esprit, bon esprit, facilité, flexibilité, justesse, finesse, abondance, variété, fécondité, chaleur, magie, charme, grâce, force, coup d'œil d'aigle, vaste entendement, riche instruction, excellent ton, urbanité, vivacité, délicatesse, correction, pureté, clarté, élégance, harmonie, éclat, rapidité, gaîté, pathétique, sublimité, universalité, *perfection* enfin....

Voilà Voltaire! De toutes ces qualités qui font la gloire et l'ornement de l'esprit humain, il n'en est que deux qu'on puisse quelquefois lui disputer : l'une, c'est la *profondeur*; le rapide élan de son esprit le portait à effleurer les surfaces des objets et à craindre d'y pénétrer trop avant. L'autre, c'est la *perfection;* avide de succès, et pressé d'en jouir, sa composition impétueuse ne lui permettait point la patience, qui seule fait les ouvrages achevés.

On n'est donc point surpris que Voltaire, pendant sa vie, se soit assuré en Europe, sans contestation, la monarchie universelle des esprits : ceux même qui auraient eu des titres à lui opposer, reconnaissaient sa suprématie, et donnaient l'exemple de n'être que les grands de son empire. Depuis sa mort, la renommée fait encore retentir d'un pôle à l'autre le bruit de sa gloire immortelle. Voltaire sera toujours regardé comme le plus grand homme en littérature des temps modernes, et peut-être même de tous les siècles; comme la création la plus étonnante de l'auteur de la nature, création où il s'est plu à rassembler une seule fois, dans la frêle et périlleuse organisation humaine, toutes les variétés du talent, toutes les gloires du génie, toutes les puissances de la pensée.

Ajoutons une observation qui n'est pas hors de sa place, puisque nous venons de chercher à définir, à énumérer les plus belles qualités de l'intelligence, en les trouvant toutes réunies dans Voltaire. Notre idiome abondant nous a fourni, pour les exprimer, des termes nombreux et variés, tandis que les Français, possédant une langue moins riche, prennent souvent le même mot dans des acceptions diverses*. De plus, il n'y a pas synonymie et correspondance exacte entre leurs expressions et les nôtres, par ce qu'entre les deux nations, le caractère, le langage, le goût, tout diffère.

Ce serait un travail intéressant que celui qui aurait pour objet l'*esthétique* française**, c'est-à-dire la philosophie du goût, de la littérature

---

* La facilité que nous avons trouvée à traduire ce morceau, nous a prouvé que la langue française n'est pas aussi indigente que le suppose M. Goëthe.... Il y détermine avec une sagacité admirable tous les caractères du génie de Voltaire; mais ce qui est au-dessus de tout éloge, c'est la sincérité, l'impartialité, qui président à ce jugement, le plaisir avec lequel le premier des écrivains de la Germanie rend justice au premier des écrivains français.

** Ce mot *esthétique* (*aesthetick*), peu familier aux Français, est souvent employé par les auteurs allemands; nous pourrions l'adopter avec avantage; il nous servirait à désigner un genre d'ouvrages qu'autrement nous ne pouvons caractériser en un seul mot. Ainsi les *Réflexions* de l'abbé Dubos, *sur la Poésie et la Peinture*, les *Éléments de Littérature* de Marmontel, seraient classés comme d'excellents livres d'esthétique. L'ouvrage de madame de Staël intitulé *de l'Allemagne*, est en grande partie une esthétique allemande.

et des arts en France : une *esthétique* allemande serait aussi pour nous très précieuse à posséder. Si cette difficile entreprise était bien exécutée à l'égard des diverses nations, on pourrait alors déterminer un point fixe de comparaison entre les littératures de l'Europe; et beaucoup de questions où il règne encore de l'obscurité seraient promptement éclaircies. On verrait jusqu'à quel point les règles du goût dans les arts sont déterminées par les mœurs et les habitudes sociales, et combien l'idiôme de chaque peuple est le représentant de son caractère national.

NOTE DES TRADUCTEURS.

(1) En reconnaissant dans Voltaire le Français par excellence, le type le plus parfait de l'esprit qui caractérise notre nation, M. Goëthe donne une preuve bien remarquable de la justesse du sien. Il apprécie mieux notre littérature que madame de Staël, laquelle, en félicitant avec raison les Anglais et les Allemands d'avoir su se donner une littérature nationale, accuse très injustement les Français de s'être réduits, par esprit de servilité, à une imitation froide et factice des modèles de l'antiquité.

Sans doute, parmi nous, quelques critiques ont porté jusqu'au ridicule leur fanatisme pédantesque pour les anciens; mais tous nos grands maîtres ont-ils suivi leurs leçons? Niera-t-on que Molière, La Fontaine, Voltaire, n'aient été doués d'un génie très original, et ne se soient abandonnés à ses inspirations? Voltaire surtout n'a-t-il pas autant et plus d'indépendance dans l'esprit qu'aucun auteur allemand ou anglais? Ne peut-on pas saisir entre ces trois poètes des traits par lesquels ils se rapprochent, et qui en même temps leur sont communs avec le plus grand nombre de nos prosateurs célèbres, Rabelais, Montaigne, Pascal, Bayle, La Bruyère, Le Sage, Montesquieu, Diderot, etc.; en sorte que, malgré les différences qui résultent de leur siècle, de leur génie et de leurs opinions, ces hommes illustres, comme les peintres d'une même école, ont tous l'empreinte d'une ressemblance frappante; en un mot, un caractère national, une physionomie française?

Ces traits distinctifs du génie français sont une raison très forte au fond sous des dehors légers et agréables; un style toujours clair et naturel, qui atteste la netteté et l'indépendance des idées; un esprit plein de justesse et de gaîté, à la fois philosophique et satirique, qui ne peut supporter aucune espèce d'imposture et de charlatanerie, et qui emploie souvent pour les combattre l'arme tranchante du ridicule, comme la plus prompte et la plus sûre de toutes. Voltaire, à la haine de l'absurde, joint la passion du vrai. Vainqueur de nombreux préjugés, par l'ascendant de son génie, il fait adopter à la France les découvertes de Locke et de Newton. L'esprit français, destructeur des erreurs dans Bayle, devient créateur des vérités dans Condillac, dans Montesquieu, dans Lavoisier. Il donne à la métaphysique, à la législation, à la physique même, une face nouvelle: il semble alors atteindre à sa perfection.

En morale, servir presque toujours d'organe à la raison, et la rendre ingénieuse et piquante, tel est le caractère de nos premiers auteurs. Dans les sujets rebattus, où tout a déjà été dit, et dans les sujets délicats, où souvent l'on n'ose pas tout dire, ils évitent ce double écueil, en présentant les vérités à travers d'heureuses fictions; voile à la fois diaphane et brillant qui ne les enveloppe que pour les entourer de plus d'éclat. Leur but est toujours d'éclairer et d'instruire : ils ne le perdent jamais de vue lors même qu'ils semblent s'abandonner aux écarts de leur imagination ; et, depuis Rabelais dans *Gargantua*, jusqu'à Voltaire dans *Micromégas*, ils ne *jouent la folie que pour faire passer la raison.*

Cet amour du vrai, qui distingue les Français, indique assez dans quels genres de littérature ils ont dû réussir. Ils excellent dans l'éloquence qui consiste à peindre avec la parole. Nos grands prosateurs sont tous poètes par l'expression. Mais, quant à l'art oratoire proprement dit, celui des avocats et des rhéteurs, comme il y entre un peu de charlatanisme, les Français y réussissent moins. Rousseau est ce que nous possédons de mieux en ce genre ; et Rousseau, né étranger, n'a pas précisément la physionomie française.

En poésie, l'épopée doit au *merveilleux* son plus grand éclat ; elle règne sur l'empire des chimères,

Se soutient par la fable, et vit de fictions.

Or, comme au fond les *fictions* sont toujours des *faussetés*, l'esprit des Français y répugne. Aussi n'est-ce pas en ce genre qu'ils ont obtenu les plus grands succès.

Mais il est un autre *merveilleux* dont la source est dans notre âme. C'est là que Racine a puisé les étonnants effets des passions ; Corneille, ceux de l'héroïsme. Là, tout est à la fois surprenant et naturel. Ces prodiges de la pensée, ces merveilles du cœur ne sont pas des chimères. Le poète dramatique développe ce qui est en nous-mêmes ; lorsqu'il *invente*, il ne fait que *découvrir* ; et toutes ses fictions représentent des réalités. On sait assez qu'en ce genre, où l'imagination a toujours la raison pour guide et pour appui, les Français ont atteint la perfection, comme dans ceux où cette même raison est ornée par la poésie, tels que la comédie, l'apologue, la satire, l'épître morale, etc.

Sans donner des développemens plus étendus à ces idées, reconnaissons que si la littérature française est celle de la raison, elle a un assez beau caractère ; qu'on ne doit pas chercher, comme le propose madame de Staël, à lui en donner un, car le sien est tout trouvé ; qu'on reconnaît dans nos plus fameux auteurs cette physionomie nationale ; et que Voltaire, comme l'a remarqué M. Goëthe, en offre le type le plus parfait.

Parmi nos auteurs vivants, ceux qui en conservent le plus fidèlement l'empreinte semblent se concilier les suffrages du public, beaucoup mieux que ceux qui veulent la méconnaître ou l'ignorer. *

* Le devoir d'être clair, imposé parmi nous à tout écrivain, est une chose honorable, non seulement au langage, mais encore au caractère français.

En d'autres pays, en Allemagne, par exemple, cette extrême netteté d'expression n'est pas aussi impérieusement exigée des auteurs. On dit quelquefois : *Cela est obscur, mais cela est bien beau!* En France, qui dit *obscur*, dit nécessairement *mauvais*. Un défaut de clarté est relevé comme un vice de langage aussi grossier qu'un solécisme. Ces excellentes lois de notre grammaire influent par le style sur les pensées : elles forcent très souvent les auteurs à raisonner juste; car il n'y a qu'un esprit juste qui puisse exposer hardiment ses idées à ce grand jour si redoutable, comme il n'y a que l'honnête homme qui ne craigne pas de laisser lire tous ses sentiments au fond de son cœur. Sous ce rapport, on pourrait définir la clarté, *la probité du langage*. Cette qualité du style a, comme on voit, des résultats plus importants qu'on ne l'imaginerait d'abord.

Grâce à cette clarté salutaire, il n'y a point de langue où il soit plus difficile que dans la nôtre de déguiser des sophismes, de faire passer pour vrais des raisonnements faux ou captieux, parce que le galimatias, auxiliaire naturel et nécessaire de l'erreur, est proscrit parmi nous; ou du moins les auteurs qui l'emploient sont punis par le ridicule et le mépris.

III.

DIDEROT,

ET SON OUVRAGE INTITULÉ *LE NEVEU DE RAMEAU.*

L'ouvrage intéressant qui porte ce titre, et dont j'ai soumis récemment la traduction au public allemand, est, selon moi, une des productions les plus remarquables de son illustre auteur. (1)

Les critiques français, en reconnaissant que Diderot possédait au plus haut point l'énergie de la pensée, l'éclat de l'expression, et que ses œuvres étincelaient de détails et de pages admirables, ont prétendu qu'il n'était pas doué au même degré du talent de la composition *, et qu'il était incapable d'ordonner toutes les parties d'un ouvrage bien conçu, bien exécuté, et parfait dans son ensemble.

Il y a dans ce monde si peu de *voix* et tant d'*échos*, que, sans cesse reproduites, les accusations banales finissent par prendre de la consistance. Ceux qui, plus éclairés, devraient le

* Diderot, dit Laharpe, qui eut quelquefois le talent d'une page, et jamais celui d'un livre, etc.

moins être dupes, s'en laissent imposer par le préjugé général; ils répètent à force d'entendre répéter; les propos des sots passent dans la bouche des gens d'esprit. Par condescendance pour l'erreur accréditée, on croit découvrir dans des écrits les fautes qui n'y sont point; on avoue les torts imaginaires d'un auteur à qui, s'il était né dans un autre temps et dans un autre pays, le monde littéraire eût décerné pendant sa vie tous les triomphes du talent, et eût élevé après sa mort des statues et des autels.

Je ne parlerai point de l'*Encyclopédie*, de cet édifice intellectuel dont la savante ordonnance prouve à quel point toutes les connaissances humaines étaient liées et systématisées dans le vaste entendement de Diderot; je ne m'occupe ici que de ses productions littéraires. Ceux qui ont osé lui contester le talent de la composition, et qui ont porté sur ce grand homme un jugement aussi superficiel, n'avaient donc pas lu son *Jacques le Fataliste*, ou ne l'avaient lu que des yeux? Son *Neveu de Rameau* leur donne un démenti non moins éclatant. Quel autre écrivain eût marqué cet ouvrage du sceau d'un génie original et inimitable? mais surtout quel autre, sur une donnée si légère, et qui ne semble d'abord qu'un caprice de l'imagination, eût assis l'ensemble idéal d'une composition si habilement ordonnée, et l'ensemble réel d'un tableau si complet, si ressemblant de la société humaine tout entière?

Une vérité dont on convient généralement, et sur laquelle ses amis comme ses ennemis sont d'accord, c'est que Diderot était, dans sa conversation, l'homme le plus étonnant de son siècle. Les discours étudiés, travaillés des plus éloquens orateurs, auraient pâli devant ses brillantes improvisations : s'énonçant avec une vivacité entraînante, traitant à fond et rapidement tous les sujets, et passant de l'un à l'autre par des transitions inattendues et pourtant naturelles, naïf sans trivialité, sublime sans effort, plein de grâces sans afféterie, et d'énergie sans rudesse; qu'il fît entendre la voix de la raison, de la sensibilité ou de l'imagination, le génie avait toujours la parole. L'homme du monde lui devait des lumières; l'artiste, des inspirations (2). Nul n'a plus régné que lui sur ceux qui l'écoutaient; nul n'a plus subjugué les esprits par la puissance de ses discours. Dans ce genre de triomphe, il n'avait point de modèles, et n'a point laissé de successeurs.

On conçoit, d'après cela, qu'en adoptant pour *le Neveu de Rameau* la forme d'une conversation libre et animée, Diderot s'est placé sur le terrain le plus avantageux pour lui ; il a choisi le cadre le plus heureusement approprié au caractère de son talent ; tout a coulé de source, et de l'accord d'une conception originale et d'une exécution habile, est résultée une production que je regarde comme un des chefs-d'œuvre de son auteur ; production instructive pour le philosophe, utile à l'honnête homme, et qui, dans quelques endroits, ne pourrait paraître immorale qu'à celui qui réfléchit sur ses lectures la teinte de sa propre immoralité, et qui, rougissant de voir son portrait dans le tableau du vice, se rend par sa colère son propre accusateur.

Telle est en effet la fidélité de ce miroir vivant, que tout ce qu'il retrace, on se souvient de l'avoir vu en réalité. On reconnaît* en Diderot le philosophe, l'honnête homme dont on a quelquefois rencontré les rares modèles : on reconnaît en Rameau les malheureux et les fripons, qu'on trouve en si grande majorité sur la terre. Tous les tableaux tracés par ce grand peintre ont une vérité qui n'appartient qu'à lui ; ses aperçus profonds et rapides sont souvent

* Cet ouvrage a la forme d'un dialogue entre Diderot et Rameau le neveu.

connaître les hommes et les choses, comme si l'on eût passé cent années à les étudier.

Son but, plus important qu'il ne le paraît d'abord, embrasse toutes les questions qui intéressent l'homme dans l'état social : il s'étend, il insiste sur les vérités neuves et peu connues ; il passe avec la rapidité de l'éclair sur les vérités que tout le monde sait, et sur celles que tout le monde ne doit pas savoir, et qu'il ne veut pas qu'on connaisse aussi bien que lui, de peur qu'on n'en puisse faire un mauvais usage : discrétion digne d'éloges, et qui caractérise le vrai philosophe. Au commencement de ce dialogue, son esprit, ouvrant sa carrière, s'y précipite avec impétuosité ; son cadre se peuple à l'instant ; il y fait paraître en foule les parasites, les protégés, les bouffons, les bas flatteurs, cortége du riche et du puissant, qui les méprisent et les paient. L'hypocrite, l'écrivain vénal, tour à tour adulateur rampant et mordant satirique, ne lui échappent point : il les ménage d'autant moins qu'il reconnaît en eux ses Zoïles et ceux de la philosophie. Ce n'aurait été que par un effort surhumain, qu'ayant à peindre les détracteurs du génie, un homme de génie eût oublié ses détracteurs. Diderot ne les oublie point ; il se souvient et se venge ; il inflige à ses ennemis le plus terrible des châtiments, la vérité.

Plus loin il expose ses vues aussi neuves que fécondes sur la théorie de la musique.

Il semble au premier coup d'œil qu'il aurait pu se dispenser d'introduire cet élément hétérogène dans sa composition, et que cette partie est en dehors du tout; les vérités morales forment ce qu'il y a de plus essentiel dans son livre; mais en y réfléchissant, on voit que ses digressions musicales ne sont point un hors d'œuvre, et que c'est au contraire le principal ressort de l'ouvrage, celui qui met en jeu toutes ses parties. Dans l'ordre de l'importance des idées, les vérités morales que l'auteur développe sont sans doute au premier rang; mais dans l'ordre de la composition, la partie musicale est le fond de cet écrit; tout le reste s'y rattache, et c'est à propos d'analyses *sur les sons* que toutes les réflexions *sur les mœurs* sont amenées. D'après le caractère attribué au principal personnage, cela n'a pas dû être autrement. L'auteur peint dans Rameau un homme profondément corrompu par l'éducation et par l'exemple, mais en même temps doué de talents supérieurs pour un art d'imitation qui exprime tous les sentiments, tous les penchants (les meilleurs comme les pires), que peut recéler le cœur humain. Dès lors toute discussion sur la musique imitatrice des passions amène des digressions sur ces passions mêmes, soit sur les penchants pernicieux dont tout homme bien né sait étouffer le germe ou réprimer l'essor dans son âme, mais que Rameau se garde bien de détruire ou d'enchaîner dans la sienne; soit, par contraste, sur ces nobles passions dont les cœurs généreux nourrissent la flamme, et que Rameau est assez malheureux pour ne pas connaître.

Ainsi ces développements sur la théorie des arts, quelques charmes, quelque intérêt que l'auteur se plaise à y répandre, ne sont point pour lui un but, mais uniquement un moyen. Il ne s'y engage que pour arriver à des résultats plus importants; ce ne sont pour lui que des chemins de fleurs qui conduisent au temple de la sagesse. S'il arrête nos regards sur le tableau d'une immoralité affligeante, c'est pour rehausser l'éclat des vertus; il nous fait sentir le prix de la première de toutes, une volonté forte qui nous fait régner sur nous-mêmes, et nous rend souverains de nos cœurs.* En effet,

* Voyez dans Charron le chapitre de *la volonté*, qui est, dit-il, *la plus grande pièce* de notre machine intellectuelle.

lorsqu'on lit cet ouvrage, en se comparant involontairement à Rameau, il n'est aucun de nous qui ne jouisse de sa propre estime et ne goûte la satisfaction de se voir placé bien au-dessus de l'homme à ce point dégradé. Mais d'où vient notre supériorité et son avilissement? Diderot nous l'apprend : C'est que nous avons su plus souvent que Rameau résister à nos penchants, nous combattre, et nous vaincre; tandis qu'il a toujours été dominé, entraîné par les siens; c'est que nous avons été nos maîtres, tandis qu'il est toujours demeuré son propre esclave. Frappés d'une utile épouvante, à l'aspect de l'abjection où tombe la nature humaine qui s'abandonne, nous sentons vivement le prix de notre unique appui moral, de cette volonté ferme, qui seule nous défend, nous élève et nous soutient. Diderot nous eût fait moins d'impression s'il eût moins prononcé les traits hideux de son bizarre héros. Mais il savait qu'en fait de préceptes, c'est peu d'éclairer, il faut émouvoir, et que l'éloquence doit être une *force* en même temps qu'une *lumière*.

De cette utile peinture l'auteur tire ce double avantage, qu'il nous enseigne à la fois à être fermes avec nous-mêmes, et indulgents pour les autres. En nous faisant connaître qu'une volonté forte nous soutient seule à une certaine hauteur morale, en nous dévoilant ainsi ce ressort qui est le mobile du bien dans nos cœurs, il nous apprend à ne pas trop accabler de nos mépris ceux qui, moins à blâmer qu'à plaindre, ignorent ce secret ; ceux qui ne *veulent* point *assez*, parce qu'ils ne savent pas assez qu'il faut *vouloir*. Leur honte n'est plus à nos yeux que le malheur de leur ignorance : et puisque leurs fautes nous apprennent à mieux valoir qu'eux, et à garder les avantages qu'ils ont perdus, il est juste que, pour prix de cette instruction salutaire, ils obtiennent de nous indulgence et pitié.

On ne saurait donner trop d'éloges au soin que prend l'auteur d'adoucir l'impression de repoussement et de dégoût qu'un être avili risque toujours d'inspirer. Avec quelle habileté il nous représente Rameau plein de connaissances profondes dans son art, éloquent lorsqu'il en développe les principes, doué à cet égard du goût le plus exquis et de la plus rare pénétration ! par là il nous distrait, et nous soulage. Nous sentons qu'un être si éclairé sur le *beau* eût été capable du *bien*; nous aimons à voir que tout ne soit pas dégradation dans une âme humaine ; que l'homme qui s'abaisse par sa conduite, se relève par ses talents, que du moins la lumière soit dans sa pensée, tandis que la nuit est dans son cœur.

Si, de ces remarques sur le fond de l'ouvrage, nous passons à des observations de détail sur sa forme, que de beautés nous trouverons encore à y faire remarquer! quel enchaînement dans le dialogue! Ceux qui croiraient y voir le décousu et l'incohérence d'une conversation seraient bien trompés; il n'en a que la vivacité et l'abandon; tout s'y tient, tout y est lié d'une chaîne invisible et pourtant réelle. Quel lecteur essaye d'en rompre un anneau, il verra qu'à l'instant la chaîne entière serait détruite, et ne pourrait plus se rattacher. Sous ce tissu, si frêle en apparence, de bons mots et de reparties piquantes, l'auteur a caché une suite de raisonnements, étroitement liés, semblables à une chaîne d'acier enfermée dans une guirlande de fleurs.

Avec quelle vérité l'auteur trace ses caractères! et avec quelle adresse il les fait contraster! Comme il soutient celui du philosophe, que la nature et l'éducation ont concouru à rendre honnête homme, qui l'est à la fois par sentiment et par conviction; et celui de l'être dégradé, jeté par le sort dans la misère, par la misère dans la friponnerie, et qui a fini par mêler son travail à celui du malheur, et par devenir le complice de sa destinée.

Je laisse à ceux qui connaissent l'esprit français et le ton des sociétés de Paris, à juger si l'auteur en a fidèlement représenté les manières, le langage, les travers. Je ne sais s'ils trouveront dans ses peintures quelque exagération. Quant à moi, je la cherche en vain; et plus j'examine cette production originale, plus je demeure convaincu que sous des formes bizarres et hardies, elle couvre un fonds admirable de raison et de vérité; même dans les endroits où cette hardiesse nous paraît excessive, et où nos idées n'osent suivre celles de l'auteur, c'est notre faute et non la sienne. Il est allé plus loin que nous, il connaît le chemin, il sait où il est : nos doutes ne prouvent que notre ignorance et notre infériorité.

S'il existe, ce que j'ignore, une seconde copie du *Neveu de Rameau*, je désire bien (5) que son possesseur ne soit point le jaloux dépositaire d'un si précieux trésor, et qu'il se décide à en faire jouir le public français. Ce dialogue aussi remarquable par la composition que par le style, paraîtrait alors pour la première fois dans tout son éclat. Car dans ma traduction il a dû perdre au moins la moitié de ses avantages; pour les lui conserver tous, il eût fallu que le soin de l'interpréter fût confié à un écrivain qui possédât mieux que moi les deux plus riches, les deux plus belles des langues vivantes.

Ce serait une curiosité assez vaine que celle qui aurait pour objet de déterminer avec précision l'époque à laquelle Diderot a composé cet écrit (4). Ce fut probablement vers 1760; car il y parle comme d'un ouvrage nouveau, de la comédie des *Philosophes* de Palissot, représentée à Paris pour la première fois le 2 mai de cette année. Cette pièce était une satire dirigée contre Diderot, D'Alembert, et les hommes les plus illustres de la littérature française. On sent quelle rumeur elle dut exciter, soit parmi leurs partisans, soit de la part de leurs ennemis; combien elle dut piquer la curiosité d'un public également avide de tout ce qui excite des impressions vives, scandales ou chefs-d'œuvre.

En Allemagne, la jalousie (qui est la même par tout pays) a tenté quelquefois de manier ces perfides armes, en décochant des libelles contre les hommes de mérite, ou en les jouant en plein théâtre. Ce genre d'attaques a toujours produit peu d'effet, à moins que l'écrivain attaqué, doué d'un amour propre trop irritable, n'appelât lui-même sur ses détracteurs l'attention publique, qui s'en détournait naturellement. Nous différons en cela des Français; et cette différence nous fait honneur. En France, le satirique qui révèle au public les petits travers d'un grand écrivain, ses bizarreries, ses misères domestiques, est accueilli avec une avide curiosité, avec un empressement stupide, comme si l'on s'étonnait d'apprendre qu'un homme est sujet aux divers accidents de la condition humaine * ! En Allemagne, au contraire, la satire personnelle est un hameçon auquel on ne mord point. Le public n'est point dupe du piége; l'homme à talents n'en est point victime; on sait qu'il peut avoir, comme tout autre homme, des défauts de caractère, des tracasseries de famille, etc.; mais on n'est ni empressé à s'en informer, ni heureux de les découvrir : on s'occupe de ses ouvrages, et nullement de sa personne. On ne veut de lui que ce qu'il en donne au public, et il donne ce qu'il a de mieux, ses sentiments, ses pensées, son être intellectuel. On s'en tient avec raison à la

* Le lecteur français sait beaucoup de gré à celui qui fait connaître ces circonstances individuelles. Il est enchanté de savoir que D'Alembert était bâtard d'une chanoinesse, et que Pope était bossu.

relation abstraite d'auteur à lecteur. Ajoutez que les Allemands portent l'enthousiasme pour les talents nationaux jusqu'à l'idolatrie. Aussi prodigues des marques de leur estime que les Français en sont avares, nous sommes fiers de la gloire d'un concitoyen. Nous voyons dans nos grands hommes les richesses vivantes de la patrie. Les satiriques sont donc repoussés parmi nous autant qu'en France ils sont accueillis. Parmi nous, l'homme de génie attaqué est pour le public un ami à défendre. Mais les lecteurs français, à qui le joug de l'admiration est imposé malgré eux, sont prêts à se ranger du parti de l'envie, et le grand écrivain voit en eux les alliés de ses ennemis.

Sans doute en Allemagne des hommes célèbres ont aussi éprouvé quelques persécutions; et dans quel pays l'envie a-t-elle complétement épargné la gloire? Quelquefois nous avons vu des mains jalouses et puissantes faire gronder l'orage sur des têtes illustres. Mais l'opinion reste fidèle au mérite. Le public n'est ni l'écho ni le complice des persécuteurs; et quand l'orage a cessé, on n'entend plus que le bruit des éloges, qui, pleuvant de toutes parts comme une ondée bienfaisante, fécondent la sève du talent, et multiplient ses fleurs et ses fruits.

De plus, ces exemples d'injustices ont toujours été très rares; le plus souvent parmi nous on a de la gloire impunément, et la sécurité est compagne du génie. Lorsqu'un auteur allemand a communiqué avec franchise et loyauté à sa nation les fruits de ses veilles, dès lors son rôle est fini, celui de ses lecteurs commence; sans intrigue, sans protection, sa réputation se fait toute seule. Il peut se reposer de ses travaux avec la conviction consolante de les voir bientôt appréciés avec autant d'équité que de bienveillance. Il peut même en écrivant donner davantage à la profondeur de la pensée qu'à l'extrême clarté de l'expression. Il a affaire à un public qui n'est point paresseux d'esprit, qui ne craint pas d'être attentif, de prendre sa part du travail, et de faire quelques pas au-devant de la vérité, à travers les nuages qui la voilent encore. Nos auteurs usent noblement de cette liberté de penser et d'écrire, qui est plus grande en Allemagne qu'ailleurs, parce que les droits les plus sacrés, et ceux dont la conservation importe le plus à l'homme, y sont religieusement respectés; la liberté individuelle est assurée; la violation du domicile serait vue avec horreur; chacun dans sa ville, dans son château, dans sa chaumière, vit, pense, agit, écrit avec indépendance. L'écrivain n'a point à craindre les ombrages ni la surveillance inquiète des gouvernements, ni de ténébreuses manœuvres de police, cet assassinat du génie. Lors même qu'il tomberait dans quelques erreurs, le public respecterait toujours en lui le noble motif qui l'anime, le perfectionnement des connaissances, l'amélioration des destinées du genre humain. Ainsi, que son pays soit en paix ou en guerre, que le calme ou l'orage règne autour de lui, le talent suit, avec une persévérance inaltérable, sa route intellectuelle, sans égards aux événements du monde matériel qui l'environne.

Il n'en est pas de même en France, où les auteurs n'ont pas affaire à un public aussi bienveillant; il faut, pour conquérir sa faveur, s'imposer des efforts en plus d'un genre, et travailler ses succès encore plus que ses ouvrages. Mais si l'écrivain français n'est pas, comme l'auteur allemand, le héros du public, en revanche il est le coryphée de sa société. C'est dans le petit cercle d'une coterie qu'il tranche, décide, influence, exerce un souverain empire. En France, la partie éclairée de la nation est toujours divisée en un certain nombre de ces coteries, qui se disputent le sceptre de l'opinion, et veulent imposer à la grande société de la nation entière le joug de leurs décisions et le culte de leurs idoles. Leurs attaques respectives, leurs succès, leurs revers, se réfléchissent dans ce miroir mobile, et agitent l'esprit public de leur fluctuation perpétuelle.

Ceci nous ramène à la comédie des *Philosophes*. Cette satire dramatique était dirigée contre une des sociétés les plus brillantes, les plus influentes de Paris : tous ses membres avaient des talents, de la considération personnelle; plusieurs, un rang distingué, une importance sociale. Qu'on juge de l'indignation qui dut s'élever de leur part contre un auteur qui essayait de les vilipender, de jouer en plein théâtre leurs manières, leurs mœurs, leur vie privée, attaques toujours inquiétantes, même pour les hommes du mérite le plus éminent.

On peut dire en effet que jamais le public en masse ne juge réellement un homme extraordinaire, parce que le public en masse se compose d'hommes bornés, tellement absorbés dans un cercle étroit de petits intérêts, qu'ils sont totalement étrangers à la sphère des hautes conceptions de l'intelligence humaine : ils savent bien qu'il y a de grandes pensées, des connaissances sublimes, mais seulement par ouï-dire; leur estime pour les hommes de génie consiste uniquement dans un sentiment très vague, très confus de leur supériorité, nullement dans une vue nette et distincte de ce qui la constitue. Cet examen, cette analyse passe la portée du public en général.

A l'égard des mœurs, des manières, de la vie privée, c'est là ce que l'homme supérieur a de commun avec les autres hommes; c'est en cela qu'ils sont tous ses juges compétents : aussi ses ennemis n'oublient rien pour l'attirer et le faire descendre de sa sphère vaste et élevée dans ce petit cercle, pour l'y soumettre aux arrêts de l'opinion de société, quelquefois même aux décisions plus sérieuses des autorités politiques et judiciaires.

Par là, ce que le génie a d'important et de recommandable, ses travaux pour l'accroissement des lumières et de la félicité du genre humain, se trouve mis de côté : l'attention publique en est tout-à-fait détournée, tandis qu'elle se porte exclusivement sur le côté *ordinaire* des hommes *extraordinaires*, côté souvent défectueux, à raison de la supériorité même du talent, qui modifie en entier l'être qui le possède, et lui donne une couleur singulière dans les circonstances habituelles de l'existence : il n'agit pas comme les autres, parce qu'il ne voit point comme eux. A la hauteur où il est placé, les objets ne lui apparaissent pas comme aux regards vulgaires. Que l'on remarque ses singularités, mais qu'on ne se hâte pas de les blâmer. L'homme supérieur doit être d'avance justifié à tous les yeux comme il l'est aux siens; quelque étranges que ses opinions puissent nous sembler, si elles sont sincères, il garde tous ses droits à notre estime. Il n'appartient pas au monde, comme être moral seulement. Dans la scrutation intérieure de ses pensées, il ne dépend point d'autrui; il n'en doit compte qu'à son Dieu et à lui-même. Il n'a véritablement que deux juges, Dieu après sa mort, et lui-même pendant sa vie.

C'est comme être intellectuel que l'homme de génie appartient à l'univers, comme exerçant par l'activité de sa pensée une profonde influence sur les destinées du reste des hommes; et, je l'ai déjà dit, cette puissance résulte encore plus de son ascendant sur les esprits, que de la connaissance exacte qu'ils ont de cette force qui les subjugue. Ils sont entraînés plus qu'éclairés; ils sentent vivement ce qu'ils n'apprécient point; car l'esprit vulgaire n'apprécie point l'esprit supérieur; il ne peut y atteindre. L'esprit supérieur ne se met pas mieux à la place de l'esprit vulgaire; il ne saurait y descendre. Règle générale : les hommes ne sont réellement jugés que par leurs pairs; les gens médiocres par d'autres gens médiocres; les grands hommes par d'autres grands hommes.

Au reste, lorsqu'un homme supérieur prête dans sa *partie vulgaire* le flanc à la satire et au ridicule, le vulgaire en est charmé; cela est dans l'ordre; c'est le premier mouvement du cœur humain. Qui le croirait? La cause en est au fond plus honorable pour nous qu'elle ne le paraît d'abord : c'est le désir secret de s'élever par la pensée, lequel est au fond de toute âme humaine, et qui, lorsqu'il ne peut se satisfaire, se tourne par désespoir en dépit contre ceux qui possèdent cet avantage que nous ambitionnons tous, lors même que nous n'avons pu l'acquérir. Ce sentiment tient toujours, comme on voit, à la hauteur et à la sublimité de notre nature intellectuelle.

Mais sans nous perdre plus long-temps dans ces considérations, revenons à l'objet qui nous y a engagés, à la petite guerre des petits esprits contre les grands hommes français du dix-huitième siècle; revenons à la comédie des *Philosophes*, au *Neveu de Rameau* et à Diderot. Palissot l'avait attaqué dans sa conduite et dans ses mœurs : Diderot, par représailles, emploie les mêmes armes; il représente à son tour Palissot comme un être immoral, dangereux, affreux, chassé de la bonne compagnie, perdu de réputation, etc. etc., et il n'oublie rien pour rejeter sur son Zoïle les couleurs odieuses dont celui-ci avait cherché à le noircir.

La vivacité avec laquelle ce chapitre est écrit, fait présumer que Diderot était alors en verve de haine et de ressentiment, et qu'ainsi c'est dans le moment où le scandale occasionné par la comédie des *Philosophes* occupait tous les esprits, que son *Neveu de Rameau* fut composé. Il y fait mention de Rameau l'oncle comme vivant encore à cette époque (Rameau l'oncle ne mourut qu'en 1764). C'est aussi dans le même temps que parurent *la Fausse Confiance*, de Bret, et d'autres ouvrages maintenant enterrés dans l'abîme de l'oubli, et dont Diderot nous donne, pour ainsi dire, les extraits mortuaires.

A cette époque un grand nombre d'autres pamphlets satiriques furent décochés de part et d'autre. Je ne citerai que *la Vision de Charles Palissot*, dont l'abbé Morellet était l'auteur. Plusieurs de ces pamphlets, étant assez hardis, coururent en manuscrit et ne furent point imprimés; c'est sans doute cette raison qui a déterminé Diderot à ne point publier son *Neveu de Rameau*, que je regarde comme le morceau le plus important composé à l'occasion de ces querelles, et comme le seul fait pour leur survivre, parce qu'il réunit au feu de la colère le feu du génie, qui jette un éclat plus durable.

Au reste, gardons-nous de croire que Palissot fut un aussi méchant homme qu'il est représenté dans cet écrit ; il a fourni non sans succès une longue carrière littéraire ; il s'est soutenu avec honneur pendant tout le cours de la révolution française : il vit peut-être encore au moment où j'écris ceci*. Il rit en se rappelant l'animosité

---

* Effectivement, en 1805, époque où M. Goëthe publia la traduction allemande du *Neveu de Rameau*, Palissot vivait encore ; il n'est mort qu'en 1813, plus qu'octogénaire.

Cet écrivain était instruit, et possédait une littérature assez étendue ; mais il n'avait de talent réel dans aucun genre. Quant à la méchanceté, il ne se démentit jamais, depuis ses premiers ouvrages, où il représente Helvétius et D'Alembert comme des *marauds qui enseignaient à voler dans la poche*, jusqu'à ses derniers, où il donne pour père et mère un chien et une furie à l'abbé Geoffroi :

> Fruit clandestin d'une ardeur passagère,
> Dont Alecton s'enflamma pour Cerbère.

Palissot a continué ainsi pendant plus de soixante ans à

de ces anciennes disputes, et les inculpations odieuses que lui et Diderot se jetaient à la tête. S'il en rit, il fait bien; en France surtout, le parti des rieurs est celui des vainqueurs, et quiconque parvient à s'emparer de l'arme du ridicule, s'assure d'avance les trophées de la victoire.

dire paisiblement des injures atroces à tout le monde : on y était fait ; on ne s'en fâchait pas : on savait que le public n'y prenait pas garde ; et sa nullité lui tenait lieu d'innocence.

NOTES DES TRADUCTEURS.

(1) Voici comment s'exprime M. Goëthe sur cet écrit de Diderot dans la préface de sa traduction :

« C'est sur le manuscrit original, en entier de la main de l'auteur, que j'ai traduit cet ouvrage. J'ai sollicité avec empressement, et je me tiens heureux d'avoir obtenu la permission d'en publier une traduction en allemand. On sait assez que Diderot est un des écrivains qui ont fait le plus d'honneur à son siècle et à son pays. Ceux de nos compatriotes qui admirent comme moi cet illustre Français, seront sans doute charmés de connaître une de ses productions les plus remarquables, qui n'a jamais paru dans sa langue originelle, et dont les Français sont encore privés. »

(2) On pourrait citer plusieurs anecdotes intéressantes à l'appui de l'éloge que M. Goëthe donne ici à Diderot. Grétry, travaillant à la partition de *Zémire et Azor*, était fort embarrassé de trouver un chant digne de la belle situation où Zémire voit sa famille en pleurs dans la glace magique, et entend les plaintes de son père désespéré de l'avoir perdue. Il consulta Diderot, qui lui répondit : « Le modèle du musicien, c'est le cri de l'homme passionné : entrez dans le sentiment de votre personnage ; cherchez quel doit être

l'accent de ses paroles dans une situation déchirante, et vous trouverez votre air. » Il se mit alors à déclamer avec force : *Ah! laissez-moi, laissez-moi la pleurer!* Grétry, à l'instant même, *nota* ce que Diderot venait de *déclamer*, et lui dut ainsi le motif d'un de ses airs les plus beaux et les plus pathétiques. (Voyez l'*Essai sur la Musique*, de Grétry.)

(3) Un hasard heureux nous a mis à portée de remplir le vœu que forme ici M. Goëthe. Nous avons publié à Paris, en 1821, chez Delaunay, l'ouvrage de Diderot jusqu'alors inédit, intitulé *le Neveu de Rameau*. Tous les lecteurs ont reconnu dans ce tableau original le *faire* du grand peintre auquel nous en sommes redevables. On sera peut-être bien aise de voir ici l'analyse que lui ont consacrée les littérateurs les plus distingués de l'époque actuelle, ceux qui, par leur sagacité, leur esprit et leurs connaissances en littérature, étaient les plus capables d'apprécier cet écrit. (*Miroir*, 5 février 1822.)

Le Neveu de Rameau, dialogue, etc.

L'ouvrage dont on vient de lire le titre est-il réellement de Diderot? telle est la question que chacun s'est faite au moment où il a paru, et qui sera résolue affirmativement par tous ceux qui en étudieront attentivement le style et l'esprit. Diderot est peut-être, de tous les écrivains penseurs du dix-huitième siècle, celui dont il serait le plus difficile à un imitateur, même habile, de contrefaire le génie, ou si l'on veut, le talent. Original parfois jusqu'au sublime, souvent jusqu'à la bizarrerie, indépendant de toute espèce de préjugé, il a, plus que tout autre, une physionomie qui lui est propre, soit qu'on le considère comme philosophe, soit qu'on l'envisage seulement comme écrivain.

Le Neveu de Rameau réunit dans le style et dans l'ensemble des idées morales qui ont présidé à la composition de cet ouvrage, tous les défauts et toutes les qualités qu'on remarque dans les autres écrits de Diderot; il offre surtout des traits qui rappellent la philosophie tout à la fois cynique et sensée dont *Jacques le Fataliste* est empreint.

L'écrit posthume de Diderot est désordonné dans la forme, et parfaitement moral quant au fond. Le but de l'auteur paraît avoir été de faire ressortir toutes les difformités du vice civilisé, dans un dialogue dont plusieurs questions musicales et littéraires sont en apparence le texte et la base. Le prétendu neveu de Rameau, et Diderot lui-même qui se fait son interlocuteur, embrassent d'un coup d'œil hardiment philosophique toutes les circonstances de l'état social dans lequel l'un et l'autre ont vécu : c'est un résumé vif et piquant des diverses idées philosophiques que Diderot a déposées dans tous ses ouvrages. Celui-ci le fait connaître plus que tout autre : cet avantage, il le doit peut-être à l'intention où était l'auteur en le composant, de ne le faire paraître qu'après sa mort. Nulle concession dans la forme ou dans la pensée; n'en altère l'originalité : c'est Diderot vis-à-vis de lui-même ; c'est Diderot tout entier.

Une analyse, de quelque manière qu'on la fît, ne donnerait pas une idée suffisante de cet ouvrage; elle serait même presque impossible : c'est une sorte de conversation libre et spirituelle, qui n'offre ni liaison, ni proportion, ni plan ; toutes les pensées partent d'une source commune pour tendre à un seul but ; mais l'enchaînement ou n'existe pas, ou n'est pas sensible. L'interlocuteur que le philosophe s'est donné, sous le nom de neveu de Rameau, est une espèce de raisonneur bouffon, un être besoigneux et dégradé, qui met à nu tout l'avilissement de son âme avec une candeur à la fois hideuse et comique. Voltaire avait peint le pauvre diable de la littérature : Diderot met en scène celui de la société. On voit combien d'aperçus originaux, d'idées neuves et de pensées profondes un pareil sujet devait fournir à un écrivain comme Diderot. Aussi cet ouvrage est-il un des plus singuliers qu'on puisse lire: presque à chaque ligne des traits inattendus, exprimés avec cette négligence énergique qui caractérise le style de l'auteur, vous arrêtent et vous saisissent. C'est un livre qui fait rire et penser.

(4) Lors de la publication de cette œuvre posthume de Diderot, quelques personnes ont paru douter de l'existence du neveu de Rameau, et l'ont pris pour un personnage imaginaire, entre autres, l'auteur d'une

analyse de ce dialogue, laquelle a paru dans *l'Abeille*. Qu'est-ce que c'est, dit-il, que ce neveu de Rameau? a-t-il existé? » *

Le morceau suivant (sur les deux Rameau, l'oncle et le neveu) que nous trouvons dans le *Tableau de Paris*, de Mercier, nous a paru propre à convaincre les plus incrédules, et à leur prouver que c'est d'un de ses contemporains qu'il avait très réellement rencontré dans le monde, que Diderot a tracé dans cet ouvrage le bizarre portrait :

« J'ai connu dans ma jeunesse le musicien Rameau; c'était un grand homme sec et maigre, qui n'avait point de ventre, et qui, comme il était courbé, se promenait au Palais-Royal toujours les mains derrière le dos, pour faire son aplomb. Il avait un long nez, un menton aigu, des flûtes au lieu de jambes, la voix rauque. Il paraissait être de difficile humeur. A l'exemple des poètes, il déraisonnait sur son art.

« On disait alors que toute l'harmonie musicale était dans sa tête. J'allais à l'Opéra, et les opéra de Rameau (excepté quelques symphonies) m'ennuyaient étrangement. Comme tout le monde disait que c'était là le *nec plus ultra* de la musique, je croyais être mort à cet art, et je m'en affligeais intérieurement, lorsque Gluck, Piccini, Sacchini, sont venus interroger au fond de mon âme mes facultés engourdies ou non remuées. Je ne comprenais rien à la grande renommée

---

* L'auteur de l'analyse insérée dans le *Miroir* dit aussi, le *prétendu* neveu de Rameau.

de Rameau; il m'a paru depuis que je n'avais pas alors si grand tort.

J'avais connu son neveu, moitié abbé, moitié laïque, qui vivait dans les cafés, et qui réduisait à la mastication tous les prodiges de valeur, toutes les opérations du génie, tous les dévouements de l'héroïsme, enfin tout ce que l'on faisait de grand dans le monde. Selon lui, tout cela n'avait d'autre but ni d'autre résultat que de placer quelque chose sous la dent.

Il prêchait cette doctrine avec un geste expressif et un mouvement de mâchoire très pittoresques; et quand on parlait d'un beau poëme, d'une grande action, d'un édit : Tout cela, disait-il, depuis le maréchal de France jusqu'au savetier, et depuis Voltaire jusqu'à Chabanes ou Chabanon, se fait indubitablement pour avoir de quoi mettre dans la bouche, et accomplir les lois de la *mastication*.

Un jour dans la conversation il me dit : « Mon oncle musicien est un grand homme; mais mon père soldat, puis violon, puis marchand, était un plus grand homme encore; vous allez en juger : c'était lui qui savait mettre sous sa dent ! Je vivais dans la maison paternelle avec beaucoup d'insouciance; car j'ai toujours été fort peu curieux de *sentineller* l'avenir. J'avais vingt-deux ans révolus lorsque mon père entra dans ma chambre, et me dit : « Combien de temps veux-tu vivre encore ainsi, lâche et fainéant ? Il y a deux années que j'attends de tes œuvres; sais-tu qu'à l'âge de vingt ans j'étais pendu, et que j'avais un état ? » Comme j'étais fort jovial, je répondis à mon père : « C'est un état que d'être pendu ! Mais comment fîtes-vous, petitu et encore mon père ? »

« Ensuite, me dit-il, j'étais soldat et maraudeur ; le grand-prévôt me saisit et me fit approcher à un arbre. Une petite pluie empêcha la corde de glisser comme il faut, ou plutôt comme il ne fallait pas. Le bourreau m'avait laissé ma chemise, parce qu'elle était trouée ; des houssards passèrent, ne me prirent pas encore ma chemise, parce qu'elle ne valait rien ; mais d'un coup de sabre ils coupèrent ma corde, et je tombai sur la terre ; elle était humide ; la fraîcheur remit mes esprits ; je courus en chemise vers un bourg voisin ; j'entrai dans une taverne ; je dis à la femme : Ne vous effrayez pas de me voir en chemise , j'ai mon bagage derrière moi. Vous saurez..... je ne vous demande qu'une plume, de l'encre, quatre feuilles de papier, un pain d'un sou et une chopine de vin. Ma chemise trouée disposa sans doute la femme de la taverne à la commisération. J'écrivis sur les quatre feuilles de papier : *Aujourd'hui, grand spectacle donné par le fameux Italien ; les premières places à six sous, et les secondes à trois. Tout le monde entrera en payant.* Je me retranchai derrière une tapisserie, j'empruntai un violon, je coupai ma chemise en morceaux, j'en fis cinq marionnettes que j'avais barbouillées avec de l'encre et un peu de mon sang ; t me voilà tour à tour à faire parler mes marionnettes, à chanter et à jouer du violon derrière ma tapisserie.

« J'avais préludé en donnant à mon violon un son extraordinaire. Le spectateur accourut, la salle fut pleine; l'odeur de la cuisine, qui n'était pas éloignée, me donna de nouvelles forces; la faim, qui jadis inspira Horace, sut inspirer ton père. Pendant une semaine entière je donnai deux représentations par jour, et sur l'affiche point de *relâche*. Je sortis de la taverne avec une casaque, trois chemises, des souliers et des bas, et assez d'argent pour gagner la frontière. Un petit enrouement occasionné par la pendaison avait disparu totalement; de sorte que l'étranger admira ma voix sonore. Tu vois que j'étais illustre à vingt ans, et que j'avais un état. Tu en as vingt-deux, tu as une chemise neuve sur le corps, voilà douze francs; sors de chez moi.

« Ainsi me congédia mon père. Vous avouerez qu'il y avait plus loin de sortir de là que de faire *Dardanus*, ou *Castor et Pollux*. Depuis ce temps là, je vois tous les hommes coupant leurs chemises selon leur génie, et jouant des marionnettes en public; le tout pour remplir leur bouche. La mastication, selon moi, est le vrai résultat des choses les plus rares de ce monde. »

Ce neveu de Rameau, le jour de ses noces, avait loué toutes les vielleuses de Paris à un écu par tête, et il s'avança ainsi au milieu d'elles, tenant son épouse sous le bras : Vous êtes la vertu, disait-il; mais j'ai voulu qu'elle fût relevée encore par les ombres qui vous environnent.

Rameau, rendant visite à une belle dame, se lève tout à coup de dessus sa chaise, prend un petit chien qu'elle avait sur ses genoux, et le jette subitement par la fenêtre d'un troisième étage. La dame épouvantée s'écrie : Eh! que faites-vous, monsieur? — Il aboie faux; dit Rameau en se promenant avec l'indignation d'un homme dont l'oreille avait été déchirée.

Rameau ne put jamais faire entendre à Voltaire une note de musique, et celui-ci ne put jamais lui faire comprendre la beauté d'un de ses vers; de sorte qu'en faisant un opéra ensemble, ils en vinrent presque aux mains, tout en parlant d'harmonie.

―――

La conversation qu'on vient de lire entre ce neveu de Rameau et Mercier, a le même ton, le même caractère que le dialogue de Diderot avec cet original. Les deux peintres ne se sont pas donné le mot. Une pareille ressemblance prouve évidemment que ce n'est point un personnage inventé, mais un être très réel, dont l'un et l'autre ont tracé le portrait d'après nature.

L'auteur de l'analyse insérée dans *l'Abeille*, lequel a écrit son article dans l'esprit du pyrrhonisme le plus absolu, doute que ce dialogue soit de Diderot, et semble croire que c'est un ouvrage apocryphe composé depuis peu.

S'il y a quelque chose d'impossible, c'est qu'un pareil ouvrage fût composé actuellement. Qui est-ce qui se souvient ou se soucie aujourd'hui de mademoiselle Hus, de M. Bertin, de M. Bouret, de Palissot? et qui est-ce qui perdrait son temps à les satiriser?

S'amuserait-on aujourd'hui à écrire une longue diatribe contre l'ancienne musique française de Rameau et de Lulli, qui est absolument oubliée, et dont on n'a pas exécuté une seule note depuis plus de soixante ans?*

Le même critique doute encore que l'interlocuteur de Rameau, qui s'intitule *Moi*, soit Diderot. Cependant toutes les particularités rapportées sur l'interlocuteur s'accordent à merveille avec ce que nous savons de Diderot. Rameau lui parle des leçons de mathématiques que Diderot avait en effet données en arrivant à Paris. Il lui dit dans un endroit : Demandez à votre ami M. D'Alembert. Il lui dit ailleurs : Là, on n'entend que les noms de Voltaire, de Rousseau, de D'Alembert, de Diderot; et vous n'êtes pas plus ménagé qu'un autre.... Il semble qu'il était impossible à Diderot de se désigner plus clairement qu'il le fait dans cet ouvrage.

* D'ailleurs est-ce la première fois qu'il est question dans la littérature de cet écrit de Diderot? n'est-il pas connu en Allemagne depuis que M. Goëthe l'a publié en 1805? tous les journaux de ce pays n'en ont-ils pas donné des analyses et des extraits, lorsque cette traduction fut publiée?

IV.

D'ALEMBERT.

Les importants travaux de D'Alembert dans les hautes mathématiques lui ont acquis une gloire qui n'a jamais été contestée par personne. Mais lorsque le même auteur a voulu étendre sa sphère, jouir lui-même et faire jouir la société des talents divers dont il était orné, et mêler aux lauriers des sciences les fleurs de la littérature ; alors les regards perçants de l'envie, blessés d'un éclat qui menaçait de s'accroître indéfiniment, ont cherché à en découvrir les points les moins lumineux, afin d'en réfléchir les teintes plus pâles sur les parties à ses yeux trop brillantes, et de diminuer la gloire du mathématicien, en attaquant celle du littérateur.

Ces ennemis acharnés de tout mérite, ces lâches persécuteurs des talents, sont à la fois les fléaux des auteurs et du public, privés par eux, les uns de leurs succès, l'autre de ses plaisirs. Leur main jalouse abreuve de fiel et d'amertume ces nobles esprits qui nous procurent, à nous lecteurs justes et impartiaux, des jouissances si douces, et dont les pénibles efforts n'ont eu qu'un but, le plus honorable de tous, celui d'instruire et d'éclairer le monde.

Les critiques dont je parle ont répété avec affectation que D'Alembert pour sa propre gloire et par un intérêt bien entendu d'amour-propre, n'aurait dû travailler que dans tel genre, publier telle partie de ses écrits, etc. : comme si tout était calcul et spéculation d'amour-propre dans l'homme à talent. C'est bien mal connaître sa nature intellectuelle, dans laquelle tout est lié. Le même principe inné en lui et irrésistible, qui lui fait produire ses plus beaux ouvrages, lui fait composer ceux d'un ordre moins élevé, comme la sève d'un arbre fait éclore ses feuilles, avec ses fruits et ses fleurs.

Parmi nous, de semblables critiques n'auraient fait aucune impression sur le public; nous savons trop bien que tout se tient dans l'esprit, et que les éléments dont se compose un talent supérieur forment un faisceau indivisible. Mais en France où l'on est accoutumé à placer toute son existence en dehors, où l'amour-propre est un despote qui doit commander au talent même, où l'écrivain obéit moins à son inspiration qu'à l'espérance du succès, ces reproches ont été quelquefois accueillis.

Avouons pourtant que cette impression est bien faible et bien passagère, auprès de l'influence profonde et durable qu'exerce le talent vainement attaqué. Tous les efforts de ses détracteurs l'effleurent à peine; lui, sans effort, il peut les pulvériser : le diamant coupe le verre, mais le verre ne coupe pas le diamant.

En voilà sans doute assez sur D'Alembert et sur ses critiques. Ceux des lecteurs de ce livre, qui connaissent aussi mes traités de mathématiques, peuvent se rappeler de combien d'excellents morceaux je lui suis redevable; en combien d'endroits j'ai cité son nom, mis à profit ses ouvrages, et fait éclater ma profonde estime pour cet illustre savant.

V.

MONTESQUIEU.

Né en 1689, mort en 1755.

Cet homme illustre est si connu de tous les lecteurs, parmi nous comme dans sa patrie, que je n'entrerai point dans de longs détails à son égard. Je ne relève pas l'absurdité des critiques, qui ont prétendu qu'il n'était qu'un bel esprit. Je renvoie à l'article de D'Alembert, où j'ai déjà eu l'occasion d'apprécier la valeur de ces arrêts rendus au tribunal de l'envie ou de l'ignorance.

Montesquieu débuta dans la littérature par ses *Lettres persanes*, dans lesquelles, à travers le voile transparent d'une fiction ingénieuse, il sut offrir aux yeux de ses compatriotes des vérités hardies, faire entrer dans un cadre étroit les principes les plus importants de la politique et de la philosophie, suppléer à l'étendue des développements par la profondeur des pensées, et souvent donner en quelques lignes l'équivalent d'un grand ouvrage.

Ce roman annonçait un homme de génie. Le public plein de confiance accepta la promesse ; et dans le prodigieux succès de ce premier écrit, s'il y avait de la justice, il y avait aussi de l'espérance.

Montesquieu remplit l'attente générale, et mit le comble à sa gloire, par son immortel ouvrage de *l'Esprit des Lois*, l'un des plus beaux monuments de son siècle, et même de tous les siècles.

Comme il s'était d'abord fait connaître par une production agréable, plusieurs de ses compatriotes veulent demeurer encore sur cette première impression, et se font contre lui un titre du plaisir qu'il leur a donné, pour lui disputer l'admiration qui lui est due. C'est être ingrat et injuste : les fleurs ne peuvent nuire aux lauriers. Celui qui sait tour à tour plaire et instruire, rendre l'amusement utile, et prêter des charmes aux vérités, dispense tous les bienfaits du génie, et mérite tous les hommages du genre humain.

VI.

PIRON.

Né en 1689, mort en 1773.

L'un des hommes les plus spirituels qu'ait produits la France, si riche et si féconde en ce genre; le plus véritablement *bon vivant* (comme disent ses compatriotes), le plus inépuisable diseur de bons mots, le plus amusant convive de son temps. Ses ouvrages respirent cette gaîté franche et communicative. Il la répand sur tous les sujets, et l'inspire à tous ses lecteurs.

Des critiques français se sont plaints que les éditeurs de ses OEuvres n'en aient pas fait un choix assez sévère, et que la collection qu'ils ont donnée au public ait été grossie d'une foule de productions qui ne devaient pas être disputées à l'oubli.

J'avoue que de semblables accusations m'ont toujours paru le comble du ridicule. Quand nous voyons la masse énorme, effrayante, d'écrits qui ne se recommandent par aucun genre de mérite, qui pourtant appartiennent tous également à la postérité, et qu'aucun bibliothécaire n'a le droit de livrer aux flammes, comment voudrait-on se priver de quelques ouvrages d'un écrivain distingué, sous prétexte qu'ils n'égalent pas ses chefs-d'œuvre? N'y voit-on pas briller des étincelles de son esprit? ne sont-ils pas toujours empreints du cachet de la supériorité?

N'en déplaise aux aristarques français, ce sont précisément ces productions, objets de tant de dédains, dans lesquelles on apprend à apprécier leur auteur. En les lisant, on voit qu'il avait reçu de la nature un esprit d'une trempe très vigoureuse, plein de feu, de verve et d'originalité. Il ne lui a manqué peut-être que les bienfaits de l'éducation et les faveurs du sort pour s'élever au rang des premiers génies de son siècle. Il y a du bonheur dans la gloire; et la position fâcheuse de Piron, malheureux dès son enfance, explique comment il ne profita point complétement des avantages que lui offrait le beau siècle où il était né; comment il ne sut jamais acquérir ce goût délicat et sûr, que l'usage du monde et le ton de la bonne compagnie peuvent seuls donner à l'homme de talent. Né, élevé en province, lorsque Piron vint à Paris, il fut d'abord obligé, pour vivre, de chercher des ressources dans *sa plume*, et cela dans le sens le plus restreint : ayant une belle écriture, il se fit copiste. Plus tard, il fut *écrivain*, dans une acception un peu plus relevée, et composa des ouvrages dramatiques, mais pour de petits théâtres. On aime à voir dans ces premiers essais les traces d'un talent mal contenu, qui s'échappe à tous moments, des vers trop bien faits, et des beautés déplacées. Le genre où il s'exerçait ne pouvait lui communiquer sa frivolité; c'est son esprit qui communiquait au genre une partie de sa force. Le public s'en aperçut, lui en sut gré, et se félicita de trouver un vrai mérite où il ne le cherchait pas; et de même que Gozzi parmi nous, Piron fit la fortune du théâtre où sa muse avait fait son modeste début, en étalant aux spectateurs agréablement surpris, des tableaux plus grands que leur cadre.

On sait qu'il existe un assez grand nombre de théâtres à Paris : chacun d'eux s'approprie un genre de pièces, qu'il a seul, à l'exclusion des autres, le privilége de représenter. A cette époque, un entrepreneur sollicita et obtint un privilége qui n'avait pas encore été demandé, celui d'un genre nouveau, le *Monodrame* (1). Un acteur unique avait la parole; et le sujet de la pièce ne devait rouler que sur lui. D'autres personnages pouvaient figurer sur la scène; mais ils étaient muets. Piron travailla avec bonheur d'après cette donnée nouvelle; son succès à cette époque fut prodigieux : aujourd'hui même on lit encore avec plaisir ces bagatelles ingénieuses; et l'on doit remercier les amis de l'auteur qui nous en ont fait présent, ainsi que de beaucoup de morceaux échappés à sa muse originale et spirituelle, parmi lesquels il s'en trouve d'assez hardis, et dont les prêtres auraient bien voulu nous priver.

Ainsi Piron réussit complétement dans le genre du vaudeville, par l'à-propos, par le choix des airs heureusement adaptés aux paroles, par l'agrément des scènes, où l'on trouve des traits du meilleur comique. Quand sa muse voulut s'élever plus haut, et paraître sur la scène française, le public, blessé de cette présomption, le traita d'abord avec une extrême sévérité. Mais autant il fut d'abord en butte à ses rigueurs, autant il fut heureux dans sa *Métromanie*, pièce où il sut si adroitement saisir le goût des spectateurs, qu'elle obtint à son apparition au théâtre le succès le plus éclatant, et qu'elle est encore estimée de nos jours bien au-dessus de son mérite réel. On ose la placer à côté des chefs-d'œuvre de Molière, auxquels elle mérite pourtant si peu d'être comparée. Au reste, je pense qu'il viendra un temps où l'admiration très exagérée qu'on veut bien accorder en France à cet ouvrage sera réduite à sa juste valeur.

Fertile en mots heureux et en reparties piquantes, l'esprit de Piron était éminemment français; il fallait qu'il en eût prodigieusement pour surpasser ses compatriotes dans un genre où ils surpassent tous les peuples du monde. Mais il ne savait pas contenir sa verve et en réprimer les écarts. Ce fut un poëme indécent, échappé à sa jeunesse, qui l'obligea de fuir sa ville natale, et de chercher un asile à Paris, où il se cacha pendant neuf ans. Sa manière d'écrire libre et un peu désordonnée ne l'abandonna jamais entièrement. C'est parce qu'il n'ose s'y livrer dans ses ouvrages sérieux qu'il y parait si gêné. Mieux appropriée au genre comique, elle perce à tous moments dans ses Épîtres, dans ses Contes, dans ses Épigrammes, presque toutes si bien tournées et appliquées si justement.

C'est cette originalité d'esprit, cette verve de gaîté qui rendait sa conversation vive, animée, étincelante. Il pouvait dans un souper se comparer à l'incomparable Voltaire, et se proclamer hautement son rival et son vainqueur, sans qu'on fût révolté d'une pareille prétention, et sans qu'elle le couvrît de ridicule. On était trop amusé de ses saillies. Comme il était le *Voltaire du moment*, on l'excusait de se mettre en parallèle avec le *Voltaire des siècles*. L'éclat de son esprit faisait alors l'effet du feu d'artifice, qui semble éclipser les astres du firmament, et qui dans le petit espace et dans l'instant rapide où il nous éblouit, brille plus que les flambeaux de l'univers.

Au reste, Piron, comme auteur, est jugé en France depuis long-temps. Il n'y a qu'une opinion sur ses qualités et ses défauts : et Diderot en est l'interprète, lorsqu'il fait dire à Rameau : « S'il est question de *goût*, Piron ne s'en doute « pas le moins du monde, pas le moins du « monde ! » (*Voyez* Gouv.)

NOTE DES TRADUCTEURS.

(1) **M.** Goëthe paraît être mal informé sur cette ancienne anecdote dramatique. Ce fut dans un esprit de *destruction*, et non de *création*, que le genre du monodrame fut imaginé. Ce n'était point par choix que les directeurs du théâtre forain ne mettaient qu'un acteur en scène ; c'était bien malgré eux qu'ils se voyaient réduits à cette extrémité. L'Opéra et la Comédie Française, jaloux de leurs succès, avaient obtenu de l'autorité cette mesure de rigueur, qui fut même poussée si loin, que l'acteur unique fut quelque temps réduit à être muet. Les comédiens forains eurent, comme on sait, l'heureuse idée de tracer en gros caractères les paroles et les couplets de leurs pièces sur des *écriteaux* qu'on faisait descendre du haut du théâtre, et que le parterre récitait et chantait à la place du personnage. Cette manière ingénieuse d'éluder *la lettre de la loi* fut cause que l'on rendit la parole à l'acteur unique. Alors Piron composa son vaudeville de *Deucalion*. Jamais sujet ne fut plus heureusement choisi pour un monodrame ; jamais pièce n'attira un plus grand concours.

L'autorité, découragée de ses rigueurs par leur peu de succès, et convaincue qu'il est impossible, quoi qu'on fasse, d'empêcher les Français d'avoir de l'esprit, *débaillonna* les personnages muets; et, voyant le théâtre forain s'enrichir par le monologue, on lui rendit la liberté du dialogue.

VII.
DU GOÛT.

« Le goût (dit un des personnages ridicules que Diderot fait paraître dans son *Neveu de Rameau*), le goût est une chose.... une chose.... » L'auteur ajoute : Je ne me souviens plus quelle chose il dit que c'était. Tout ce dont je me souviens, c'est qu'il ne le savait pas lui-même. »

Diderot, dans cet endroit, a voulu peindre ceux de ses compatriotes qui, sans avoir dans la tête la moindre idée de ce qui constitue *le goût*, en ont toujours le mot à la bouche; qui, pleins d'une ignorance orgueilleuse et pédantesque, croient avoir tout dit lorsqu'ils accusent un auteur ou un ouvrage de manquer *de goût*, et seraient fort embarrassés d'expliquer ce qu'ils entendent par ce mot, dont ils veulent se servir comme d'un talisman, pour foudroyer et anéantir tout ce qui, à tort ou à raison, a le malheur de leur déplaire.

Les Français, jusqu'à la fin du dix-septième siècle, n'employaient pas ainsi le mot de *goût* isolément ; ils déterminaient sa signification en y ajoutant une épithète; ils disaient *un bon*, ou *un mauvais goût*, *un goût fin*, *délicat*, etc. Cependant je trouve dans une *Collection de dialogues, proverbes et anecdotes*, publiée vers cette époque, le mot déjà risqué tout seul dans cette phrase : *Les gens de lettres français définissent tout, excepté le goût.*

Quand on examine la littérature française à sa naissance, on voit que le génie était alors la qualité dominante de ses écrivains, et cela sans doute a dû être ainsi : toute création, celle d'une littérature, comme celle d'un ouvrage, est nécessairement l'œuvre du génie. Peut-on nier que Marot en eût beaucoup? et qui oserait méconnaître l'imagination originale et féconde de Montaigne et de Rabelais?

Le caractère du génie est d'étendre son empire dans la sphère de l'infini; il enfante en abondance des idées neuves, éléments de ses riches compositions; mais l'homme de génie ne produit pas sans dessein : savant, il destine ses ouvrages à éclairer les autres hommes; littérateur, à leur plaire. Ici commence l'action et le travail du goût, intermédiaire placé entre le monde idéal où le génie est seul avec ses conceptions, et le monde réel et extérieur où il se propose de les faire paraître. Le goût examine l'état moral du pays et de l'époque, les préjugés répandus, les opinions en vogue, les passions régnantes; et d'après le résultat de cet examen, il enseigne au génie les convenances, les bienséances à observer, lui indique comment il doit ordonner ses compositions, sous quelle forme il doit présenter ses idées, pour faire sur le public l'impression la plus vive et la plus agréable. Lorsque le même homme possède ce double avantage du génie puissant créateur, et du goût, habile conseiller; c'est alors que son succès atteint et surpasse ses espérances, et que son talent règne en souverain sur tous les esprits et sur tous les cœurs. Mais lorsqu'il ne les réunit qu'à un degré inégal, et ses ouvrages, et ses succès se ressentent de cette inégalité. Il fait son effet sur certains esprits; il le manque sur d'autres : ce désaccord du génie et du goût dans un même talent, donne lieu, de la part du public, aux jugements les plus contradictoires ; ceux qui ne sont sensibles qu'à ses défauts, s'indignent que d'autres lui trouvent des beautés; ils le rabaissent au-dessous de sa valeur réelle, et voudraient l'anéantir. Ceux qui, par la sympathie de leurs esprits, sont plus touchés de ce qu'il a de recommandable que blessés de ses imperfections, lui ajoutent généreusement tout ce qui lui manque, cherchent en quelque sorte à le compléter, et le portent en idée à une hauteur où il n'atteint pas. Tous ont tort. L'esprit d'un homme reste tel qu'il est, quelles que soient nos dispositions à son égard; ni le ressentiment de l'ennui, ni la reconnaissance du plaisir ne peuvent l'enrichir en lui donnant ce qu'il n'a point, ou l'appauvrir en lui refusant ce qu'il possède. Le modifier ainsi n'est pas en notre pouvoir; ce privilége n'appartient qu'à la nature ou plutôt à Dieu même qui l'a créé.

La juste appréciation de ce qui doit plaire, en tel pays ou à telle époque d'après l'état moral des esprits, voilà ce qui constitue le goût. Cet état moral varie tellement d'un siècle et d'un pays à un autre, qu'il en résulte les vicissitudes les plus étonnantes dans le sort des productions du génie. J'en vais citer un exemple remarquable.

Les Français ont eu au seizième siècle un poète nommé *Dubartas*, qui fut alors l'objet de leur admiration. Sa gloire se répandit même en Europe, et on le traduisit en plusieurs langues. Il a composé beaucoup d'ouvrages en vers héroïques. C'était un homme d'une naissance illustre, de bonne société, dis-

tingué par son courage, plus instruit qu'il n'appartenait alors à un guerrier. Toutes ces qualités n'ont pu le garantir de l'instabilité du goût, et des outrages du temps. Il y a bien des années qu'on ne le lit plus en France; et si quelquefois on prononce encore son nom, ce n'est guère que pour s'en moquer..... Hé bien, ce même auteur maintenant, dans sa patrie, proscrit, dédaigné, tombé du mépris dans l'oubli, conserve en Allemagne son antique renommée. Nous lui continuons notre estime (1), nous lui gardons une admiration fidèle, et plusieurs de nos critiques lui ont décerné le titre de *roi des poètes français*. Nous trouvons ses sujets vastes, ses descriptions riches, ses pensées majestueuses. Son principal ouvrage est un poëme en sept chants, sur les sept jours de la création.*
Il y étale successivement les merveilles de la nature; il décrit tous les êtres et tous les objets de l'univers, à mesure qu'ils sortent des mains de leur céleste auteur. Nous sommes frappés de la grandeur et de la variété des images que ses vers font passer sous nos yeux; nous rendons justice à la force et à la vivacité de ses peintures, à l'étendue de ses connaissances

* A son apparition il eut tant de succès, qu'on en fit en cinq ans trente éditions.

en physique, en histoire naturelle. En un mot, notre opinion est que les Français sont injustes de méconnaître son mérite; et qu'à l'exemple de cet électeur de Mayence, qui fit graver autour de la roue de ses armes, sept dessins représentant les œuvres de Dieu pendant les sept jours de la création, les poètes français devraient aussi rendre des hommages à leur ancien et illustre prédécesseur, attacher à leur cou son portrait, et graver le chiffre de son nom dans leurs armes. Pour prouver à mes lecteurs que je ne me joue point avec des idées paradoxales, pour les mettre à même d'examiner mon opinion, et celle de nos littérateurs les plus recommandables sur ce poète, je les invite à relire, entre autres passages, le commencement du septième chant de la Semaine de Dubartas. Je leur demande s'ils ne trouvent pas ces vers dignes de figurer dans les bibliothèques à côté des ouvrages qui font le plus d'honneur aux muses françaises, et supérieurs à des productions plus récentes, et bien autrement vantées. Je suis persuadé qu'ils joindront leurs éloges à ceux que je me plais ici à donner à cet auteur, l'un des premiers qui ait fait de beaux vers dans sa langue ; et je suis également convaincu que les lecteurs français persisteront dans leur dédain pour ces poésies si chères à leurs ancêtres, tant le goût est local et instantané ! tant il est vrai que ce qu'on admire en deçà du Rhin, souvent on le méprise au delà, et que les chefs-d'œuvre d'un siècle sont les rapsodies d'un autre !

Ce grand changement survenu en France dans le goût du public, ces vicissitudes dans la destinée de tant d'ouvrages accueillis, puis disgraciés, tiennent au mouvement progressif et continu de la littérature française depuis le seizième siècle jusqu'au temps où, sous les auspices de Louis XIV, elle a brillé d'un éclat si prodigieux : mouvement qui ne s'est même pas arrêté depuis cette époque jusqu'à nos jours. Ce progrès a principalement consisté dans le perfectionnement des formes du style, devenues de plus en plus classiques, et calquées d'après l'étude et l'imitation des modèles de l'antiquité ; dans une épuration scrupuleuse et presque minutieuse, qui a *tamisé* la langue ; dans le rejet d'un grand nombre de mots, de phrases, d'idées même, que renfermaient les ouvrages antérieurs à cette épuration. Sans doute, en équivalent des pertes qu'un purisme si rigoureux lui faisait subir, la langue française a fait l'acquisition de quelques nouvelles formes de style irréprochables aux yeux de la critique. Je crois pourtant qu'elle a perdu beaucoup d'expressions pittoresques et imitatives, et que, par ce travail du *goût*, elle a été plus épurée qu'enrichie. Mais ce qui en est résulté de plus incontestable, c'est la proscription de tous les anciens ouvrages qui contiennent les mots et les tours de phrases frappés d'anathème. Nulle part plus qu'en France, le goût n'a tracé des limites étroites où le génie est contraint de se resserrer, hors desquelles toute expression est condamnée, non comme mauvaise en elle-même, mais, si elle est ancienne, comme surannée; si elle est neuve, comme néologique. Les pensées nouvelles y sont toujours traitées de *paradoxes;* et quant à la forme des ouvrages, on sait à quelles règles rigoureuses elle est asservie; le goût y décide de tout en maître aussi fantasque qu'absolu, aussi despotique qu'arbitraire.

Avouons que c'est s'imposer des entraves bien gratuites. Dira-t-on que les règles du goût, moins frivoles qu'elles ne le paraissent d'abord, sont l'expression des convenances sociales? Mais nous voyons que dans la société, comme en littérature, l'originalité a aussi son mérite. Nous voyons que dans le monde, les manières, le genre de la conversation varient et sont modifiés par les moindres circonstances. Le ton de la société diffère quand elle n'est composée que d'hommes, ou quand les femmes en font partie, et y exercent leur influence : ce ton change totalement lorsqu'il arrive dans un cercle un homme d'état ou un bel esprit, un vénérable magistrat ou un conteur agréable. Le langage prend des formes tout-à-fait différentes selon le caractère du personnage marquant qui attire l'attention de l'assemblée. Si les bienséances varient tellement dans le cercle étroit d'une société, concevra-t-on que les règles du goût soient fixes et uniformes, lorsque sa sphère, bien autrement étendue, embrasse tous les objets qui peuvent occuper l'esprit humain, et n'a de bornes que celles de l'univers ?

Il faut en convenir : les Français ont porté loin l'abus de l'uniformité des règles, et le despotisme du goût dans les arts. Ils lui ont soumis toutes les parties de la littérature; ils vont quelquefois jusqu'à vouloir lui assujettir les sciences même : comme si les convenances de goût qui ne sont que des moyens de plaire, que des relations locales, passagères, et au fond assez frivoles, pouvaient avoir quelque empire, quelque influence sur les vérités absolues, indépendantes, sur les faits impossibles à modifier par la volonté humaine que la science découvre au sein de la nature. Pourtant le lecteur français, accoutumé à voir toujours devant ses yeux des règles de convention, les cherche même où il serait absurde de les trouver, et en analysant un traité de physique, il juge d'une découverte comme d'une pièce nouvelle, d'après les règles des bienséances sociales. C'est assurément vouloir tout soumettre à l'usage, que d'examiner si la nature est à la mode, et si les lois éternelles de l'univers sont conformes au goût du jour. (2)

Nous ne nous arrêterons pas à prouver que le goût doit respecter l'indépendance de la nature; l'opinion contraire serait d'une absurdité trop évidente; mais disons que le goût doit presque autant d'égards à l'indépendance du génie : sans doute cette dernière n'est pas aussi absolue. Un beau talent est toujours jusqu'à un certain degré l'ouvrage de son siècle; son point de départ est l'état des lumières et des connaissances au moment où il entre dans la carrière. Les opinions, les passions qui ont alors le plus d'empire sur l'esprit du public, ont également agi sur lui, ont éclairé sa pensée naissante, ont allumé ses premiers feux; et, sous ce point de vue, on doit compter au nombre des éléments constitutifs du génie, le goût de son siècle et de son pays. Mais en reconnaissant que ses travaux sont les résultats de cette double cause; d'une part, le mobile puissant de son inspiration intérieure; de l'autre, l'impulsion que lui donnent les idées, les préjugés, les opinions qui règnent sur tout ce qui l'environne, il reste toujours à examiner dans quelle proportion s'unissent ces deux principes, et comment il arrive que tantôt l'un, tantôt l'autre, exerce la principale influence. A cet égard, les circonstances font tout.

Chez un peuple plus raisonneur que sensible, qui a des opinions arrêtées, des préjugés tenaces, qui porte dans les plaisirs de l'esprit plus de pédanterie que d'enthousiasme, le génie est forcé de s'astreindre aux règles étroites qui lui sont prescrites, de marcher dans la route tracée devant lui : il subit des lois au lieu d'en imposer; il ne domine pas l'opinion, il en est dominé. Les traits de sa physionomie percent à peine à travers le masque qu'il est forcé de revêtir. Alors, le goût est tyran, et le génie est esclave. C'est la situation où se sont trouvés la plupart des auteurs français.

Au contraire, chez une nation où le goût n'est point formé, où l'idole de l'opinion exige peu de sacrifices, le génie s'élance librement dans sa carrière, et y marche sans entraves; il ne s'asservit point à des règles préexistantes; c'est lui qui crée les règles par ses exemples; il n'obéit point à des lois, il est législateur; il imprime son caractère à ses ouvrages, à son siècle : en un mot, le génie est un souverain dont le goût est le sujet. (3). C'est dans cette heureuse circonstance que Shakespeare et Calderon ont composé leurs chefs-d'œuvre.

Que des critiques étrangers, juges partiaux et incompétents, les condamnent s'ils l'osent; mais qu'on les fasse comparaître devant les esprits judicieux de tous les pays, qu'on les cite au tribunal de l'univers, croit-on qu'ils seront condamnés pour avoir été créateurs, pour n'avoir rien dû qu'à eux-mêmes? croit-on que quelques légères inconvenances que l'on blâme avec raison dans leurs ouvrages, n'obtiendront point grâce en faveur de leurs beautés neuves, sublimes et incomparablement plus grandes et plus nombreuses que leurs fautes? Non sans doute, on admirera toujours en eux ce besoin de créer, cette répugnance à imiter, signes certains qui attestent la puissance de leur génie; s'ils ont paru chez des nations, à des époques où ils ont pu se livrer à toute l'originalité de leur imagination, c'est une faveur de plus qu'ils ont reçue de la nature. Dans cette noble indépendance, il y a de la gloire et du bonheur; elle ne mérite que des félicitations et des hommages; et si quelques voix pédantesques osaient encore s'élever contre eux, ne voyez-vous pas tous les hommes éclairés et sensibles jeter de nouvelles fleurs, de nouveaux lauriers sur leurs tombes, pour consoler leurs mânes des outrages d'une ignorance jalouse et d'une critique insensée?

Il est difficile de fixer les limites, d'assigner les caractères distinctifs du génie et du goût, de l'inspiration et de l'art, de la poésie et de la rhétorique. Il est pourtant bien utile de les déterminer, puisque c'est la perfection, du moins celle à laquelle l'homme peut atteindre, qui résulte de leur accord. Le génie existe par lui-même; il reste ce qu'il est, sans s'augmenter par l'étude et par le travail; tandis que le goût, dont l'existence se développe toute en dehors, et consiste dans l'observation des faits extérieurs, acquiert prodigieusement par l'application et l'exercice. Au reste, je crois que, jusqu'à un certain point, on a eu raison de prétendre que le goût est inséparable du vrai génie, lequel n'existe point sans un tact heureux et sûr, sans une singulière aptitude à démêler ce qui fait impression sur les esprits. Mais si le vrai génie possède toujours la faculté d'avoir du goût, il n'en a pas toujours la volonté. Le génie, fils de la nature, est souvent frère de la paresse; souvent il dédaigne l'art, se refuse au travail, néglige d'étudier les moyens de plaire; et pourtant l'unique but des arts est de plaire. Par là le génie rend son triomphe incomplet; il ne se met point en accord avec ce qui l'environne; il apporte des beautés étrangères et d'un autre siècle à des contemporains, et à des compatriotes; il leur fait des présents dont on ne lui sait aucun gré, et qui sont très mal reçus. Il a du mérite sans succès; il étonne et ne charme point, parce que, même en reconnaissant sa force et sa supériorité, on ne lui trouve point le genre d'agréments qui est en possession de la faveur publique. C'est un arbre élevé qui a toujours ses profondes racines, sa tige majestueuse, mais qui n'est point orné de ces fleurs éclatantes dont les yeux chérissent l'éclat et les couleurs.

Il vaudrait mieux sans doute qu'il y eût plus de fixité dans les bases de la théorie des arts. Il serait à désirer qu'une nation entière eût un goût pur, délicat, propre à revêtir de la forme la plus parfaite les productions du génie, tellement que ce don précieux fût le partage de tous les individus qui la composent; qu'on le reçût sans efforts, comme la lumière du jour; qu'on en jouît sans s'en douter, comme de l'air qu'on respire. Alors les conseils de l'art se fondraient dans les inspirations de la nature, et le goût serait presque inné comme le génie. Il est vrai que souhaiter à un peuple de telles qualités, c'est former au fond beaucoup plus de vœux pour lui que l'on n'en exprime en apparence; c'est en effet lui souhaiter un beau ciel, un bon gouvernement, une langue riche et harmonieuse, des mœurs élégantes et poétiques, du repos, de la félicité, l'amour de la patrie et de la gloire, en un mot, tous les avantages physiques et moraux qui concourent à donner leur plus heureux développement aux facultés intellectuelles du genre humain.

Tels furent les heureux dons que possédèrent autrefois les Grecs (ce peuple, le père des arts, parce qu'il fut le favori de la nature), et dont jouirent après eux les Romains, leurs dignes successeurs en plus d'un genre.

C'est cet ensemble admirable du génie et du goût dans tous leurs ouvrages, qui est encore, après tant de siècles, l'objet de notre admiration.

Doit-il l'être également de notre imitation?

doit-on toujours nous renvoyer à leur école, et nous réduire à l'étude de ces divins modèles? Je ne le pense pas : notre origine n'est point la même; nous avons une autre généalogie : moins flatteuse sans doute, elle nous donne pour ancêtres d'abord les sauvages Germains des temps reculés, puis les barbares Allemands du moyen âge. La teinte originaire se réfléchit sur tous nos arts; ils gardent l'empreinte romantique des siècles de chevalerie. Nos mœurs ont toujours été différentes de celles des peuples du midi de l'Europe, comme nos religions successives, d'abord celle des Celtes et des Scandinaves, puis le christianisme qui lui a succédé, ont toujours essentiellement différé du paganisme. A tous égards nous sommes habitants d'un autre univers. Son aspect est sans doute sauvage et sombre; notre littérature est née du sein de la barbarie, comme l'univers est sorti du chaos.

Mais comme on ne peut avoir que ses qualités propres et naturelles, de quelques défectuosités qu'elles soient mélangées; que l'imitation des qualités étrangères est toujours froide et factice, ou plutôt que les beautés imitées ne sont plus des beautés, je suis convaincu que les hommes à talents qui honorent l'Allemagne doivent, à l'exemple des plus beaux génies de l'Angleterre, puiser toutes leurs inventions à la source indigène, et revêtir leurs ouvrages d'une couleur locale très caractérisée. Les grands succès que les auteurs anglais et les nôtres ont obtenus en suivant cette route n'ont-ils pas d'avance justifié ces conseils ? et l'imitation des anciens eût-elle donné au monde littéraire un *Hamlet*, un *Roi Léar*, une *Messiade ?*

Nous soutenir à la hauteur où se sont élevés parmi nous les créateurs d'une littérature nationale, tout en reconnaissant que nous ne possédons point les avantages dont jouissaient les anciens, que nous n'atteindrons jamais aux sublimes résultats qu'ils en ont obtenus; leur rendre d'éternels hommages, et nous bien garder d'être leurs serviles imitateurs, tel doit être notre devoir. C'est ainsi que nous parviendrons, sinon à les égaler, du moins à remplir avec honneur la carrière qu'il nous est donné de parcourir, à ombrager nos fronts des seuls lauriers qui peuvent croître dans notre terre natale. Voilà comment nous pouvons concilier les droits du goût et du génie; voilà le traité qu'il convient parmi nous de conclure entre ces souverains du plaisir et de la gloire, après avoir déterminé les limites de leurs empires. (4)

NOTES DES TRADUCTEURS.

(1) L'ESTIME des Allemands pour Dubartas nous paraît assez étrange, et mérite quelques observations. Rappelons-nous d'abord ce que dit madame de Staël[*] : « Les auteurs français de l'ancien temps, Montaigne, Rabelais, etc. ont en général plus de rapport avec l'esprit germanique que les écrivains du siècle de Louis XIV ; car c'est depuis ce temps-là que la littérature française a pris une direction plus classique, et par conséquent moins analogue avec le caractère de la littérature allemande. »

A l'égard de Dubartas, les lecteurs français, comme il s'agit d'un auteur leur *justiciable*, peuvent dénier la *compétence* du public allemand, et celui-ci peut nous le rendre dans l'occasion ; en voici une preuve : Gessner, l'un des écrivains de cette nation qu'on vante le plus en France, est beaucoup moins estimé dans son pays. Je n'ai jamais fait son éloge à ses compatriotes, sans qu'ils m'aient répondu par des critiques sur ses fautes de langage, son mauvais style, son *allemand suisse* ; en un mot, ils sont presque aussi surpris de notre engouement pour leur Gessner, que nous pouvons l'être de leur admiration pour notre Dubartas.

[*] *De l'Allemagne*, tome III, page 160.

Ce qui nous déplaît dans cet ancien auteur, c'est le style, et non le genre de son poëme; car ce genre est redevenu à la mode, et a été remis en honneur tout récemment. *La Semaine* de Dubartas est un poëme descriptif; et, quant au fond des idées, elle ressemble beaucoup aux *Trois Règnes de la Nature* de J. Delille. Si l'on ne lit plus Dubartas, quoique ce poète ait eu des étincelles de génie, et que ses ouvrages soient semés de très beaux vers, c'est parce que son style nous paraît tout-à-fait suranné et gothique.

En cela les Allemands nous trouvent bizarres. La critique des vieux mots, le ridicule des phrases tombées en désuétude, tout cela leur est inconnu. Comment leur littérature pourrait-elle leur en donner l'idée? Elle est trop *jeune*: née au dix-huitième siècle, à peine a-t-elle vécu *âge d'homme*. Ils y viendront avec le temps; et il semble que l'on peut d'avance deviner quelles sont les formes de leur style, les tournures de leur idiome, destinées à éprouver de semblables vicissitudes.

1°. Leur versification s'est depuis peu perfectionnée: Schiller, M. Goëthe et les poètes de leur école ont adopté un rhythme analogue à celui des Italiens et des Anglais, et parfaitement approprié au génie de la langue allemande. A leur exemple, on a renoncé à ces lourds *alexandrins*, qu'on avait calqués sur le modèle des vers français, et qui convenaient si peu à un idiome hérissé de consonnes et d'articulations. Plus on en perdra l'habitude, plus on se dégoûtera des poëmes, tels que ceux de Haller, écrits dans ce rhythme monotone et pesant : ils deviendront tout-à-fait surannés.

2°. Si la philosophie, actuellement en vogue chez les Allemands, vient à perdre son crédit, les subtilités sur l'*idéal* passeront de mode, et seront un jour aussi dédaignées en Germanie, que le sont aujourd'hui parmi nous l'emphase de Balzac et les pointes de Voiture.

3°. Si les Allemands prennent de plus en plus du goût à la clarté des idées, leur style subira une réforme complète; on se corrigera des longues phrases, où les propositions incidentes en si grand nombre sont enchaînées dans une proposition principale terminée par le verbe, qui seul indique le sens d'une période entière : ces espèces d'énigmes, dont le mot n'est qu'à la fin, feront place à une manière d'écrire plus coupée, plus claire; on trouvera gothique tout ce qui ne sera pas écrit d'un style très rapide et très intelligible. A cet égard, M. Goëthe, dans tous ses ouvrages, a devancé l'action du temps, et donné des exemples plus admirés qu'imités.

(2) M. Goëthe eût aisément apporté des preuves de cette prééminence long-temps accordée en France aux règles du bon ton et du bon goût, même sur les vérités éternelles et sur les lois de la nature. Il aurait pu citer en exemple les soins que s'est donnés Fontenelle pour mettre l'astronomie à la mode, et en faire une

science de bonne compagnie. Les agréments de son style persuadaient seuls de la vérité de ses principes. Un trait de mauvais ton eût fait aux yeux des Français crouler le système du monde.

C'est ainsi que les sciences étaient traitées alors parmi nous; et pendant bien des années elles ne l'ont pas été autrement.

(3) Ce passage renferme en deux mots la définition du genre classique et du genre romantique, qui se disputent aujourd'hui l'empire de la littérature. Dans le premier, le génie est asservi par le goût; dans le second, au contraire, c'est le goût qui reçoit la loi du génie.

(4) J'ai cru devoir transcrire ici quelques unes des réflexions de madame de Staël sur le Goût, dans son ouvrage intitulé *de l'Allemagne*; elles complètent celles de M. Goëthe. Après avoir lu les unes et les autres, on peut se flatter de bien connaître quelles sont, à l'égard de cette faculté de l'esprit si vantée et si peu définie, les opinions des écrivains qui sont les oracles de la littérature allemande. *

« Ceux qui se croient du goût en sont plus orgueilleux que ceux qui se croient du génie. Le goût

* De tous les peuples de l'Europe, les Français sont celui qui a le plus de goût, et celui qui en a le moins, ce sont les Anglais, sans contredit Les Allemands, qui n'en ont pas autant que les Français, en ont pourtant beaucoup, parce qu'ils sont pleins de sensibilité. Ils ont le même esprit d'indépendance littéraire que les Anglais; mais l'originalité de ces derniers sème quelquefois

est en littérature comme le bon ton en société; on le considère comme une preuve de la fortune, de la naissance ou du moins des habitudes qui tiennent à toutes les deux; tandis que le génie peut naître dans la tête d'un artisan qui n'aurait jamais eu de rapport avec la bonne compagnie. Dans tout pays où il y aura de la vanité, le goût sera mis au premier rang, parce qu'il sépare les classes, et qu'il est un signe de ralliement entre tous les individus de la première. Dans tous les pays où s'exercera la puissance du ridicule, le goût sera compté comme l'un des premiers avantages; car il sert surtout à connaître ce qu'il faut éviter. Le tact des convenances est une partie du goût, et c'est une arme excellente pour parer les coups entre les différents amours-propres. Enfin il peut arriver qu'une nation entière se place en aristocratie de bon goût vis-à-vis des autres, et qu'elle soit ou se croie la seule bonne compagnie de l'Europe; et c'est ce qui peut s'appliquer à la France, où l'esprit de société régnait si éminemment, qu'elle avait quelque excuse pour cette prétention. »

« Mais le goût dans son application aux beaux-arts diffère essentiellement du goût dans son application aux convenances sociales. Lorsqu'il s'agit de leurs ouvrages de traits durs, de détails repoussants, de peintures monstrueuses, ou du moins qui nous semblent telles: tandis que cette sensibilité profonde dont les Allemands sont doués répand des grâces touchantes sur leurs productions les plus désordonnées et les plus bizarres; et aux yeux des véritables hommes de goût, les grâces font tout pardonner.

forcer les hommes à nous accorder une considération éphémère comme notre vie, ce qu'on ne fait pas est au moins aussi nécessaire que ce qu'on fait ; car le grand monde est si facilement hostile, qu'il faut des agréments bien extraordinaires pour qu'ils compensent l'avantage de ne donner prise sur soi à personne : mais le goût en poésie tient à la nature, et doit être créateur comme elle ; les principes de ce goût sont donc tout autres que ceux qui dépendent des relations de la société. »

« C'est la confusion de ces deux genres qui est la cause des jugements si opposés en littérature. Les Français jugent les beaux-arts comme des convenances, et les Allemands, les convenances comme les beaux-arts : dans les rapports avec la société, il faut se défendre ; dans les rapports avec la poésie, il faut se livrer. Si vous considérez tout en homme du monde, vous ne sentirez point la nature ; si vous considérez tout en artiste, vous manquerez du tact que la société seule peut donner. S'il ne faut transporter dans les arts que l'imitation de la bonne compagnie, les Français seuls en sont vraiment capables ; mais plus de latitude dans la composition est nécessaire pour remuer fortement l'imagination et l'âme. »

« Le bon goût en littérature est, à quelques égards, comme l'ordre sous le despotisme ; il importe d'examiner à quel prix on l'achète. En politique, M. Necker disait : Il faut toute la liberté qui est conciliable avec l'ordre. Je retournerais la maxime en disant : Il faut en littérature tout le goût qui est conciliable avec le génie ; car si l'important dans l'état social, c'est le repos, l'important dans la littérature, au contaire, c'est l'intérêt, le mouvement, l'émotion, dont le goût, à lui tout seul, est souvent l'ennemi. »

« On pourrait proposer un traité de paix entre les façons de juger, artistes et mondaines, des Allemands et des Français. Les Français devraient s'abstenir de condamner, même une faute de convenance, si elle avait pour excuse une pensée forte ou un sentiment vrai. Les Allemands devraient s'interdire tout ce qui offense le goût naturel, tout ce qui retrace des images que les sensations repoussent : aucune théorie philosophique, quelque ingénieuse qu'elle soit, ne peut aller contre les répugnances des sensations, comme aucune poétique des convenances ne saurait empêcher les émotions involontaires. »

« Les écrivains allemands les plus spirituels auraient beau soutenir que, pour comprendre la conduite des filles du roi Léar envers leur père, il faut montrer la barbarie des temps dans lesquels elles vivaient, et tolérer que le duc de Cornouailles, excité par Régane, écrase avec son talon, sur le théâtre, l'œil de Glocester, notre imagination se révoltera toujours contre ce spectacle, et demandera qu'on arrive à de grandes beautés par d'autres moyens. Mais les Français aussi dirigeraient toutes leurs critiques littéraires contre la prédiction des sorcières de Macbeth, l'apparition de l'ombre de Banquo, etc. qu'on n'en serait pas moins ébranlé jusqu'au fond de l'âme par les terribles effets qu'ils voudraient proscrire. »

« On ne saurait enseigner le bon goût dans les arts, comme le bon ton en société; car le bon ton sert à cacher ce qui nous manque, tandis qu'il faut avant tout dans les arts un esprit créateur : le bon goût ne peut tenir lieu du talent en littérature; car la meilleure preuve de goût, lorsqu'on n'a pas de talent, serait de ne point écrire. Si l'on osait le dire, peut-être trouverait-on qu'en France il y a maintenant trop de freins pour des coursiers si peu fougueux, et qu'en Allemagne beaucoup d'indépendance littéraire ne produit pas encore des résultats assez brillants. »

VIII.

DORAT.

———

Né en 1736, mort en 1780.

Auteur fécond et agréable, surtout dans des ouvrages de peu d'étendue, dans des poésies fugitives qui n'excédaient pas la petite portée de son esprit; beaucoup moins heureux lorsqu'il osa s'élever à de grandes compositions dramatiques.

Le nombre infini de gens qui ont la fureur de travailler pour le théâtre sans en avoir le talent, prouve combien le spectacle fait des impressions vives, et quel pouvoir magique il exerce sur les esprits. Tous les pays où l'art dramatique est cultivé fourmillent de ces spectateurs métamorphosés en auteurs; ils ont les yeux fascinés par les prestiges de la scène, l'oreille frappée du bruit des applaudissements; les palmes du théâtre leur paraissent les plus glorieuses qu'il soit possible de moissonner; l'amour-propre leur persuade aisément qu'il ne tient qu'à eux de les cueillir; ils se hâtent de composer des pièces nouvelles, pressent le jour de la représentation, et assiégent l'entrée du temple de Melpomène et de Thalie, dont ils se flattent d'être bientôt les plus fermes soutiens.

Si le sensé, le paisible Allemand est lui-même atteint de cette frénésie théâtrale, combien cette maladie doit-elle être plus violente lorsqu'un Français en est attaqué! Toujours plein de présomption et d'amour-propre, quel doit être sur lui l'effet de la séduction la plus enivrante pour l'amour-propre! Peut-il y résister, lorsqu'il croit d'avance entendre proclamer son nom sur le premier théâtre du monde, qu'ont illustré des noms si fameux, et qui subsiste glorieusement depuis plus d'un siècle : lorsqu'il songe qu'il peut par des succès dramatiques, sinon être placé au même rang que les Corneille, les Molière, les Racine, les Voltaire, ces rois immortels de la scène, du moins voir ses ouvrages figurer parmi les leurs dans le répertoire qu'ils ont enrichi, et partager les applaudissements avec leurs chefs-d'œuvre?

Dorat ne put laisser passer devant ses yeux cet hameçon littéraire sans y mordre avec avidité : il fut d'autant plus facile à prendre au piége, qu'à son début dans la carrière poétique, il avait été l'enfant gâté du public, et qu'on lui avait souvent reproché de dépenser son talent à des productions trop légères, et de ne point aspirer aux succès du théâtre, que les Français regardent comme les premiers de tous. Dorat n'eut pas la sagesse qu'ont eue d'autres esprits médiocres, mais prudents, de s'en tenir aux bonnes dispositions du public, qui leur faisait crédit de réputation et d'estime; il voulut justifier ces préventions favorables : cette épreuve fut l'écueil où son frêle talent fit naufrage. Dès que ses pièces parurent sur la scène, le public reconnut à l'instant qu'on avait conçu de lui de trop hautes espérances, et le punit par une disgrâce complète d'avoir trompé l'attente générale. Dès lors sa petite fortune d'auteur fut perdue sans ressource; il tomba dans la détresse littéraire la plus effrayante; le chagrin consuma le reste de sa vie, et il partagea le sort de tant d'autres, condamnés à expier leurs courts plaisirs d'amour-propre, leurs douces illusions de jeunesse par d'amers regrets et de longs repentirs, et auxquels le Dante a justement assigné une place, si ce n'est dans son *Enfer*, du moins dans son *Purgatoire*.

IX.

FRÉRON.

Ce journaliste tant décrié n'était pourtant pas un homme sans mérite ; il avait de l'esprit et de l'instruction ; il était même orné de quelques talents[*] : mais parce qu'il savait et comprenait plusieurs choses, il crut tout savoir et tout comprendre. Il s'établit dans ses feuilles juge suprême et universel de tous les auteurs. Il fallait assurément ne pas manquer de présomption pour se constituer ainsi le grand inquisiteur de la littérature.

A défaut d'estime et d'approbation, cette audace excita du moins la curiosité du public. Fréron trouva un moyen sûr de la redoubler ; ce fut de s'afficher pour l'ennemi acharné et infatigable de Voltaire. C'était un singulier spectacle que celui d'un écrivain si obscur se plaçant en regard

---

[*] Son *Ode sur la bataille de Fontenoi* n'est pas mauvaise ; le conte de *Saint-Vincent-Ferrier*, et plusieurs autres petits morceaux de poésie qu'on a de lui, sont versifiés avec facilité.

avec un homme jouissant d'une renommée si éclatante et si universelle. Qui n'eût été étonné de voir un individu à qui l'on pouvait même contester le titre d'auteur, puisqu'il n'avait rien fait, pas même un mauvais ouvrage, juger d'un ton de maître l'auteur de cent ouvrages immortels, et un nain déclarer la guerre à un géant?

Sa témérité ridicule ne nuisit pas d'abord à Fréron; on acheta ses feuilles, on les lut avec avidité. Les auteurs déchirés par lui jetaient les hauts cris; on n'avait jamais vu un pareil scandale dans le monde littéraire : mais un scandale est un spectacle, et par conséquent un plaisir pour le public : de plus, ce spectacle en prépare un autre. On sait bien que l'homme de mérite qui sent sa force ne se laissera pas écraser sans défense. Comment se vengera-t-il? que produira le feu du génie excité par le feu de la colère? Voilà ce qu'on attend avec une impatiente curiosité.

Cependant Fréron, enivré de la vogue de ses feuilles, prit leur débit pour du succès, se prit lui-même pour ce qu'il s'était donné, et se crut de la meilleure foi du monde le dispensateur de la renommée et l'arbitre du destin des auteurs : il donna généreusement les premiers rangs au Parnasse à ceux qui le protégeaient et le payaient, les dernières places à ceux qui le dédaignaient et ne le payaient point. Il eut soin surtout d'abaisser les grandes renommées de son temps, en exaltant les petits esprits; de couronner la nullité des lauriers dont il dépouillait le mérite, réduisant toutes les réputations d'après une échelle de médiocrité, nivelant la république des lettres de façon que tout y fût égal, sots et grands hommes, et ne gardant un rang plus élevé que pour lui seul, placé au-dessus de tous.

De pareils *niveleurs* existent en tout pays; ils se font des ennemis nombreux, irréconciliables; ils se font aussi des amis et des protecteurs. L'autorité même les soutient quelquefois, lorsqu'au lieu de s'appuyer, de se servir des hommes supérieurs, elle a la faiblesse de les craindre, parce qu'elle sait qu'ils ont de l'indépendance dans le caractère, qu'ils peuvent éclairer les peuples sur leurs droits, et qu'en répandant les lumières, ils empêchent qu'on ne puisse employer les erreurs comme moyens de gouvernement. Or, souvent les petits meneurs, qui se croient de grands politiques, n'en connaissent pas d'autres; ils trouvent la médiocrité moins inquiétante et plus facile à gouverner. Quand c'est là le système adopté, il est d'une facile exécution. Un gouvernement qui cherche des talents n'est pas toujours sûr d'en trouver; mais quand on ne veut que des sots, il n'en manque jamais. Partout la médiocrité est l'état naturel du plus grand nombre des esprits; partout le mérite supérieur fait exception. Il faut beaucoup de travail et d'étude seulement pour le comprendre; il en faut bien plus pour y atteindre.

Pour en revenir à Fréron, ce moderne Aristarque n'en imposa pas long-temps à un peuple aussi éclairé que les Français; on fut bientôt las d'une monotonie d'absurdités et d'injustices; on cessa de lire ses feuilles; on l'abandonna au péril de la situation où il s'était placé à l'égard de Voltaire. Le nain se vit seul dans l'arène avec le géant qu'il avait provoqué, n'ayant pas même l'espoir de le désarmer, et d'obtenir du moins la pitié du mépris; car il avait prouvé que s'il n'avait pas assez d'esprit, il avait assez de méchanceté pour être à craindre et à punir. Voltaire, maniant toutes les armes du talent, les employa toutes contre Fréron; et fit de ses ouvrages une galerie consacrée à sa honte immortelle, où il le peignit sous mille formes odieuses et ridicules. Enfin il le joua en plein théâtre sous le nom de *Frélon*, dans sa comédie intitulée *l'Écossaise*, ouvrage qui eut alors un grand succès, et qui en aura toujours quand il sera représenté, parce qu'au mérite d'un ouvrage de circonstance, il joint celui d'une composition ingénieuse, indépendant de l'apropos du moment.

Cette satire dramatique fut applaudie avec transport par le public, qui, comme les dieux, se range toujours du parti du vainqueur. Au fond, la victoire ne pouvait pas être incertaine, ni l'opinion partagée, entre un adversaire si misérable et un homme tel que Voltaire, qui avait produit tant de chefs-d'œuvre, et rendu tant de services à l'esprit humain. Mais si l'on n'eut pas le spectacle d'un combat disputé, on eut celui des supplices longs et variés du vaincu. Pendant long-temps Voltaire ne publia pas un écrit où il ne réservât une place à Fréron et à ses complices littéraires, accablés de ses traits vengeurs. C'était Hercule traînant partout enchaînés à sa suite les monstres qu'il avait domptés; et dans les châtiments qu'il leur faisait subir, on croyait voir Apollon écorchant Marsyas.

Fréron, à la fin de sa carrière, devenu l'objet de la dérision universelle, perdit même la faveur du gouvernement qui l'avait quelque temps protégé, et venait de recevoir l'ordre de la suspension de ses feuilles au moment où il mourut. La postérité aura peine à croire que cet écrivain ait pu avoir quelque espèce de mérite, parce qu'elle ne jugera de lui que d'après les portraits qu'en a tracés une main habile et courroucée, et le verra uniquement tel que l'a représenté la vengeance du génie.

X.

MUSIQUE.

Diderot, en consacrant la plus grande partie de son *Neveu de Rameau* à des digressions sur la musique, les entremêle souvent de discussions plus sérieuses sur des points importants de métaphysique et de morale. *Parlons musique*, dit-il à Rameau; et il le ramène sans cesse sur ce terrain, qui est le champ d'honneur de son héros. A mon tour, je dis au lecteur : *Parlons musique;* et je crois devoir lui faire part de quelques réflexions nécessaires pour le mettre à portée d'apprécier les opinions souvent singulières et paradoxales que Diderot manifeste sur ce bel art.

La musique, depuis sa renaissance chez les peuples modernes, a été traitée d'après deux systèmes très différents : il en est résulté, soit dans la théorie, soit dans la pratique, deux genres de compositions musicales absolument distincts l'un de l'autre. Chacun règne exclusivement dans une région de l'Europe, dont tous deux se partagent l'empire.

1°. La musique a été considérée par les uns uniquement en elle-même, comme un art d'agrément, comme un moyen de plaisir, une source de jouissance que l'homme a su se créer d'après l'observation ingénieuse des sons en accord entre eux, et des impressions qu'il en reçoit. C'est là ce que la musique a toujours été pour les Italiens. Doués de l'organisation la plus propre à sentir ses effets comme à les produire, lorsque, par une suite d'accents harmonieux, elle amuse et charme leurs oreilles, ils sont trop pleinement satisfaits, trop vivement émus, pour en rien exiger davantage.

2°. D'autres, lui donnant plus d'importance, ont considéré la musique dans ses rapports avec nos affections intérieures et avec les objets qui nous environnent, comme un art d'imitation, comme un mode d'expression des sentiments et des idées, comme une des langues de l'esprit et du cœur, dans laquelle on traduit avec des sons ce qu'on représente avec des mots dans le langage oral, tellement que la musique retrace les sentiments et les passions qu'exprime la voix de l'homme, les cris des autres êtres animés, les bruits, et en général tous les effets de la nature.

C'est ainsi que les principes de la théorie

musicale ont été conçus par les Français, par les Allemands, par tous les habitants du nord de l'Europe; c'est ainsi que Diderot lui-même les définit. S'il donne des développements si étendus à ses opinions sur cet art, s'il le place au même rang que la poésie et la peinture, c'est en le considérant comme *art d'imitation*, et en cherchant quels doivent être ses modèles.

Cette distinction entre la musique d'agrément et de pure sensation, et la musique expressive et imitative, me paraît propre à répandre la lumière sur toutes les querelles et les discussions auxquelles cet art a donné lieu, et qui renaissent encore tous les jours. On conçoit qu'en partant de principes si différents, non seulement on ne se comprenne point, mais que l'on se condamne, que l'on s'anathématise mutuellement, que des esprits exclusifs traitent d'absurde tout ce qui n'est pas conforme aux idées absolues qu'ils ont adoptées.

L'explication que nous venons de donner sert à débrouiller l'histoire de l'un et l'autre système, à la tirer du chaos où la jettent des antagonistes aveugles ou des défenseurs maladroits; chacun des deux genres étant très souvent aussi mal compris par ses enthousiastes que par ses détracteurs.

D'après notre définition, nous pouvons concevoir en quoi ces genres s'éloignent, en quoi ils se rapprochent; quels sont les compositeurs qui ont travaillé exclusivement dans l'un ou l'autre, quels sont ceux qui ont voulu marier leurs beautés par un heureux accord. Nous voyons ces genres tous deux riches, soit d'ouvrages qui portent l'empreinte de leur caractère spécial, soit de compositions mixtes où l'on cherche à les concilier, pareils à deux arbres de formes différentes qui sur le même sol élèvent leurs tiges rivales : d'un côté, leurs branches s'éloignent et s'écartent; de l'autre, elles s'entrelacent et se confondent.

Leur séparation existe depuis que l'art musical est cultivé en Europe. De tout temps, en Italie, les compositeurs ne se sont appliqués qu'à former les combinaisons de sons les plus agréables; ils n'ont jamais été et n'ont jamais voulu être que des flatteurs d'oreilles; le gosier harmonieux de leurs chanteurs est la source inépuisable où ils puisent sans cesse : donner à ces voix flexibles et brillantes les moyens de déployer tous leurs avantages, d'étaler tous leurs prodiges, de filer des sons purs et mélodieux, de les prolonger, de les précipiter tour à tour, de faire succéder les uns aux autres, d'étonner par le passage rapide, par le contraste des tons les plus bas aux plus élevés; tel est l'objet des études et des travaux du musicien; c'est là qu'il cherche tous ses effets; c'est là qu'il est sûr de les trouver d'après le goût de ses compatriotes; et il faut avouer que les Italiens surpassent tout ce qu'on peut imaginer en fait de pureté, de précision, d'agrément, et qu'il n'est pas possible de porter plus loin l'art de plaire et d'étonner toujours. Le goût le plus difficile n'aurait à leur adresser que bien peu de reproches : le plus fondé serait celui de ne pas assez varier les motifs de leurs chants, et de les répéter quelquefois jusqu'à satiété dans le cours du même morceau, sans chercher à en offrir de nouveaux à l'oreille lassée, et sans même profiter des ressources que fournit l'art de la composition pour les diversifier, en se servant des *variations* qui en font si bien disparaître la monotonie.

Dans notre système musical, très différent de celui des Italiens, c'est à l'expression, à l'imitation que s'attache principalement le compositeur : il est poëte, il est auteur dramatique; il est peintre des passions. C'est moins dans la sensation physique que dans l'impression morale qu'il puise ses moyens de succès; il ne s'arrête pas à les trouver dans la voix, il va les chercher au fond de l'âme. Pour l'artiste italien, la musique est tout entière dans le gosier d'un chanteur; pour le nôtre, elle est dans le cœur de l'homme passionné : il en fait une langue capable d'exprimer les plus énergiques sentiments, d'atteindre aux plus sublimes pensées; il ne craint pas quelquefois de forcer l'art pour le rendre plus imitatif, et d'employer des combinaisons de sons bizarres, des transitions heurtées, s'il peut rendre par là le cri de la nature, exprimer l'accent de la crainte ou de la tendresse, de la joie ou du désespoir. Une telle composition musicale fait fortune parmi ceux qui sentent vivement, comme parmi ceux qui réfléchissent profondément. Les uns savent gré à l'artiste de causer avec des sons des émotions si vives; les autres apprécient ce qu'il lui a fallu d'études sur le cœur humain pour y réussir; ils reconnaissent tout ce qu'il y a de philosophie et de métaphysique cachées dans son travail, et le degré d'importance ajouté par là à un art qui semblait condamné à être frivole.

Mais aussi lorsque l'artiste rend la musique moins agréable pour la rendre plus imitative, lorsqu'à la douceur du chant il préfère la force de l'expression, ceux qui ne sont touchés que de ce qui charme leurs oreilles, ceux qui ne demandent à la musique que des sensations, et qui aiment l'art pour lui-même, sont révoltés de le voir se sacrifier ainsi, et ne pardonnent pas au compositeur de blesser l'oreille pour donner au cœur de plus vives émotions.

Parmi les artistes qui, pour flatter tous les goûts et conquérir tous les suffrages, ont cherché à marier les deux genres, on compte des noms illustres dans les fastes de la musique. Cette combinaison est prodigieusement difficile. Le compositeur qui réussirait parfaitement dans cette entreprise aurait atteint sans doute le comble de son art.

La séparation des deux genres de composition n'a jamais paru avec une évidence plus frappante qu'en France, au dix-huitième siècle, lors de la guerre musicale allumée entre les partisans de Gluck et ceux de Piccini. On vit alors le plus habile dans la musique d'imitation et d'expression, celui des deux rivaux qui savait le mieux agiter les cœurs, arracher des larmes par ses accents, composer des airs pathétiques, écrire un récitatif éloquent, faire du sublime avec des notes; on le vit, dis-je, remporter la plus éclatante victoire sur celui qui ne savait que flatter l'oreille par des chants agréables.

Gluck triomphe et règne encore ; il est le souverain de la scène lyrique française. D'un autre côté, n'a-t-on pas vu de nos jours l'aimable Paësiello déplaire en Italie par des compositions pleines d'expression, et d'une heureuse et fidèle imitation de la nature? tant les goûts des peuples diffèrent ! tant il est vrai que l'organisation des hommes varie d'après le pays qu'ils habitent, que la variété des genres répond à celle de leurs impressions, et que le ciel leur donne des plaisirs comme des climats divers !

Ce que les Italiens ont fait pour le chant, les Allemands l'ont fait pour la musique instrumentale. Assez long-temps ils l'ont regardée comme un genre à part, uniquement destiné à exciter d'agréables sensations, mais sans aucun rapport avec les sentiments et les facultés de l'âme. Nos symphonistes, traitant cette partie de l'art musical avec une prodigieuse habileté, l'ont élevée en Allemagne à une hauteur admirée et sentie par toutes les autres nations. Ils leur servent de modèle, et doivent leur en servir à jamais. Au reste, on a depuis peu essayé d'introduire dans cette seconde partie le genre imitatif, et de composer pour les instruments de la musique spirituelle et sentimentale, qui peignît les émotions du cœur et les effets de la nature. Cela exigeait un plus grand travail, parce que dans la musique vocale et dramatique, le thème du musicien lui est fourni par le poète, qui lui indique ce qu'il doit imiter : au lieu que le symphoniste qui veut être *peintre* dans ses accords, est obligé de créer lui-même le sujet de son *tableau*. C'était une difficulté, mais aussi une gloire de plus. On y a complétement réussi; et nous possédons actuellement des chefs-d'œuvre en ce genre.[*]

En rapprochant les idées que je viens d'exposer très rapidement, très généralement, sur la théorie de la musique, de celles que Diderot a développées dans plusieurs de ses ouvrages, et notamment dans son *Neveu de Rameau*, je dois observer qu'il n'est pas facile de définir quels principes avait adoptés Diderot sur cette matière, et de juger s'il s'était placé dans un point de vue d'où il ait pu jeter un coup d'œil vraiment juste sur la théorie de l'art dont il prétendait devenir le réformateur.

Remarquons d'abord que vers le milieu du dernier siècle, les artistes français, dans presque

[*] Les ouvrages du célèbre Haydn et des musiciens de son école.

tous les genres, avaient tellement perdu de vue la vérité, la simplicité, le naturel, et s'en étaient à tel point écartés, qu'ils étaient parvenus au dernier degré d'apprêt, de manière, d'affectation; à un degré même dont on ne peut parmi nous se faire une idée. Le hasardeux échafaudage de l'opéra offrait l'assemblage d'une métaphysique subtile et quintessenciée dans les paroles, d'airs péniblement travaillés et d'accompagnements surchargés de notes dans la musique. L'art dramatique se ressentait de ce goût recherché et factice, si ce n'est dans la composition des poëmes, du moins dans la manière de les représenter. Les actrices jouaient la tragédie grecque avec du rouge, de la poudre, des mouches, des éventails, des manchons et des robes à paniers. Leurs gestes, leur débit affectés répondaient à leur costume. Le ridicule était poussé si loin, et on y était si habitué, que Voltaire lui-même, lisant ses vers et jouant ses pièces, les déclamait du ton le plus ampoulé, le plus emphatique, croyant par là en augmenter les effets, tandis qu'aux yeux des vrais connaisseurs il ne devait que les défigurer par une déclamation si peu naturelle, et qu'on devait sans doute souhaiter à ses chefs-d'œuvre de meilleurs interprètes que lui-même et les acteurs de son temps.

Le sort de la poésie et de la musique fut à cette époque partagé par la peinture. Le coloris était factice, le dessin maniéré; l'affectation régnait partout. Tel était sans doute le goût général. Les artistes s'y conforment toujours : le public commande en maître, et ils obéissent en esclaves.

Cependant il existait en France un certain nombre d'esprits éclairés, indépendants, qui employèrent l'ascendant de leur éloquence pour ramener leur siècle au culte de la vérité, et les arts à l'imitation de la nature : le succès couronna leurs efforts. Mais, comme il arrive trop souvent, pour se garantir d'un excès ils se jetèrent dans l'excès contraire, et tombèrent dans de graves erreurs. Diderot lui-même, malgré la finesse de son goût, et l'universalité de ses connaissances, n'en fut pas exempt; et comme mon admiration pour ce beau génie ne ferme point mes yeux sur ses fautes, je les ai relevées et combattues. J'ai fait voir comment, à force de vouloir bannir toute affectation, on tomba dans la pire de toutes, celle du naturel; comment, après avoir proscrit les ornements factices qui défiguraient les arts à cette époque, on en vint même à proscrire les procédés qui les constituent, par exemple à vouloir faire de la *poésie* sans *versification* * : ce n'était plus réformer les arts, c'était les anéantir.

A l'égard de la musique, observons qu'en exposant ses vues nouvelles, Diderot se place dans une position singulière, et même, il faut le dire, tout-à-fait fausse. Les ouvrages de Lulli et de Rameau l'oncle appartiennent plutôt à la musique imitative qu'à celle de pur agrément. Ces grands compositeurs s'étudiaient à reproduire dans leurs accords les sentiments que le poète exprimait dans ses vers. Ils l'ont tenté toujours; ils y sont quelquefois parvenus. Au contraire, les bouffons n'apportaient d'Italie qu'un ramage harmonieux. Leur chant était plus simple, leurs voix plus légères, leurs agréments de meilleur goût; mais au fond ils ne s'adressaient qu'à l'oreille; ils ne disaient rien au cœur ni à l'esprit : et pourtant Diderot, d'une part, se déclare leur partisan enthousiaste; de l'autre, il insiste avec force sur la

* Voyez *Propylaën* (c'est le titre d'un ouvrage de M. Goëthe, où il a réfuté plusieurs paradoxes de Diderot, sur l'art dramatique, particulièrement les idées hasardées qu'on trouve dans les *Entretiens sur le Fils naturel*).

nécessité de rendre la musique imitative. L'expression énergique des sentiments lui paraît le caractère distinctif d'un bon compositeur; et il s'aveugle à ce point qu'il croit plutôt remarquer ces avantages dans les musiciens d'Italie, qui en sont entièrement dépourvus, que dans ses compatriotes que je viens de nommer, et qui les possédaient à un degré très remarquable.

Une telle prévention est difficile à concevoir de la part d'un homme si éclairé. Ce que je croirais volontiers, c'est que l'affectation et le faux goût qui défiguraient alors la musique en France, ainsi que tous les autres arts (comme nous l'avons dit plus haut), les agréments maniérés du chant, les accompagnements travaillés, les combinaisons d'accords, aussi pénibles que savants, avaient inspiré à Diderot tant d'aversion, que cet illustre ami des arts ne craignait point, pour détruire cet échafaudage, de ruiner l'édifice dont il faisait partie, d'en attaquer le bon comme le mauvais côté, cherchant à faire prévaloir un nouveau genre, quel qu'il fût, pourvu qu'il parvînt à renverser l'ancien système musical. Il réussit dans cette entreprise; on vit se former par ses leçons une nouvelle école; de jeunes musiciens abandonnant la vieille méthode, cessèrent de travailler dans un genre quelquefois ennuyeux, je ne le dissimule pas, mais je crois plus estimable, et qui exigeait du moins plus d'étude et de savoir, non seulement dans la composition en elle-même, mais dans ses rapports avec la connaissance du cœur et de l'esprit humain.

Le goût du public s'est déclaré pour eux; la musique d'agrément l'a emporté sur la musique d'imitation. Une génération nouvelle s'est habituée à n'entendre, à n'admirer que des accords plus doux que passionnés, plus flatteurs qu'expressifs; et laissant autant qu'il lui est possible reposer ses sentiments et ses pensées, aimant mieux effleurer qu'approfondir l'existence, elle ne demande plus au musicien, comme à tout autre artiste, que des sensations passagères, et que des plaisirs d'un moment.

XI.

RAMEAU L'ONCLE.

Né à Dijon en 1683, mort à Paris en 1764. *
Les lecteurs seront sans doute charmés de connaître le jugement porté par J. J. Rousseau sur les talents et les ouvrages de Rameau ; j'ai cru

---

* Rameau était d'une famille obscure et pauvre. On ignore absolument toutes les particularités des premières années de sa vie. Il n'aimait pas à en parler, ni peut-être à s'en souvenir, probablement parce que sa jeunesse avait été malheureuse. Tout ce qu'on sait, c'est qu'il avait fait un voyage en Italie, et qu'il regrettait de n'avoir pu séjourner long-temps dans cette patrie de la musique. Il ne se fit connaître que fort tard, puisqu'il vint à Paris à plus de quarante ans. C'est alors qu'il commença à travailler avec le plus éclatant succès. Il a composé dix-huit ou vingt opéra. On lui doit, de plus, un grand nombre de traités sur la théorie de son art. Plusieurs sont d'une étendue considérable. Il était d'un naturel triste et taciturne, et passait la plus grande partie de son temps à se promener, l'air rêveur et distrait. C'est sans doute pendant ses *ambulations* journalières qu'il a composé tous ses ouvrages. Quand on lui parlait, le plus souvent il ne répondait devoir le transcrire ici. Il s'accorde parfaitement avec l'opinion énoncée par Diderot sur ce célèbre compositeur*. De plus, dans ce morceau plein de vues judicieuses, Rousseau donne sur plusieurs points importants de la théorie musicale d'utiles éclaircissements, beaucoup mieux que je ne pourrais les donner moi-même.

point; ce qui lui donnait l'air très important, et ajoutait au respect qu'on avait pour lui. Mais lorsqu'il daignait prendre garde à ceux qui l'abordaient, et rompre son *silence de grand homme*, ses réponses étaient spirituelles et propres à être retenues par leur laconisme épigrammatique.

Nul homme n'a plus joui de la considération accordée à ses talents. C'était la grande renommée musicale du siècle. Il était protégé de la cour, accueilli des grands; ce qui ne l'empêchait pas d'apprécier la portée de leur goût dans les arts. Un jour il faisait répéter un opéra; le maître des ballets lui dit : Monsieur, ce menuet est trop long. Rameau haussa les épaules sans répondre, selon sa coutume. Le maître des ballets piqué, et voulant s'appuyer d'une autorité imposante, revint à la charge, et dit : Monsieur, M. le duc de *** trouvera ce menuet trop long. Rameau répondit : Si l'on ne dit pas à M. le duc de le trouver long, il le trouvera court.

* Dans *le Neveu de Rameau*.

Lettre à Grimm, 1752.

« Les ouvrages théoriques de M. Rameau ont ceci de fort singulier qu'ils ont fait une grande fortune sans avoir été lus, et ils le seront bien moins désormais, depuis qu'un philosophe (D'Alembert) a pris la peine d'écrire le sommaire de la doctrine de cet auteur : il est bien sûr que cet abrégé anéantira les originaux, et avec un tel dédommagement, on n'aura aucun sujet de les regretter. Ces différents ouvrages ne renferment rien de neuf ni d'utile, que le principe de la basse fondamentale*. Mais ce n'est pas peu de chose que d'avoir donné un principe, fût-il même arbitraire, à un art qui semblait n'en point avoir, et d'en avoir tellement facilité les règles, que l'étude de la composition, qui était autrefois une affaire de vingt années, est à présent celle de quelques mois. Les musiciens ont saisi avidement la découverte de M. Rameau, en affectant de la dédaigner. Les élèves se sont multipliés avec une facilité étonnante ; on n'a vu de tous côtés que petits compositeurs de deux jours, la plupart sans talents, qui faisaient les

---

* Ce n'est point par oubli que je ne dis rien ici du prétendu principe physique de l'harmonie.

docteurs aux dépens de leur maître; et les services très réels, très grands et très solides que M. Rameau a rendus à la musique, ont en même temps amené cet inconvénient, que la France s'est trouvée inondée de mauvaise musique et de mauvais musiciens, parce que chacun, croyant connaître toutes les finesses de l'art, dès qu'il en a su les éléments, tous se sont mêlés de faire de l'harmonie, avant que l'oreille et l'expérience leur aient appris à discerner la bonne.

« A l'égard des opéra de M. Rameau, on leur a d'abord l'obligation d'avoir les premiers élevé le théâtre de l'Opéra au-dessus des tréteaux du Pont-Neuf : il a franchi hardiment le petit cercle de très petite musique autour duquel nos petits musiciens tournaient sans cesse depuis la mort du grand Lulli : de sorte que quand on serait assez injuste pour refuser des talents supérieurs à M. Rameau, on ne pourrait au moins disconvenir qu'il ne leur ait en quelque sorte ouvert la carrière, et qu'il n'ait mis les musiciens qui viendront après lui à portée de déployer impunément les leurs; ce qui assurément n'était pas une entreprise aisée. Il a senti les épines, ses successeurs cueilleront les roses.

« On l'accuse assez légèrement, ce me semble, de n'avoir travaillé que sur de mauvaises paroles; d'ailleurs, pour que ce reproche eût le sens commun, il faudrait montrer qu'il a été à portée d'en choisir de bonnes. Aimerait-on mieux qu'il n'eût rien fait du tout? Un reproche plus juste, est de n'avoir pas toujours entendu celles dont il s'est chargé, d'avoir souvent mal saisi les idées du poète, ou de n'en avoir pas substitué de plus convenables, et d'avoir fait beaucoup de contresens. Ce n'est pas sa faute s'il a travaillé sur de mauvaises paroles; mais on peut douter s'il en eût fait valoir de meilleures. Il est certainement, du côté de l'esprit et de l'intelligence, fort au-dessous de Lulli, quoiqu'il lui soit presque toujours supérieur du côté de l'expression. M. Rameau n'eût pas plus fait le monologue de *Roland* (acte IV, scène II), que Lulli celui de *Dardanus*.

« Il faut reconnaître dans M. Rameau un très grand talent, beaucoup de feu, une tête bien sonnante, une grande connaissance des renversements harmoniques, et de toutes les choses d'effet, beaucoup d'art pour s'approprier, dénaturer, orner, embellir les idées d'autrui, et retourner les siennes; assez peu de facilité pour en inventer de nouvelles; plus d'habileté que de fécondité, plus de savoir que de génie, ou du moins un génie étouffé par trop de savoir;

mais toujours de la force et de l'élégance, et très souvent du beau chant.

« Son récitatif est moins naturel, mais beaucoup plus varié que celui de Lulli; admirable dans un petit nombre de scènes, mauvais presque partout ailleurs, ce qui est peut-être autant la faute du genre que la sienne; car c'est souvent pour avoir trop voulu s'asservir à la déclamation, qu'il a rendu son chant baroque et ses transitions dures. S'il eût eu la force d'imaginer le vrai récitatif, et de le faire passer chez cette troupe moutonnière, je crois qu'il y eût pu exceller.

« Il est le premier qui ait fait des symphonies et des accompagnements travaillés, et il en a abusé. L'orchestre de l'Opéra ressemblait à une troupe de quinze-vingts attaqués de paralysie. Il les a un peu dégourdis. Ils assurent qu'ils ont actuellement de l'exécution. Mais je dis, moi, que ces gens-là n'auront jamais ni goût ni âme. Ce n'est encore rien d'être ensemble, de jouer fort ou doux, et de bien suivre un acteur. Renforcer, adoucir, appuyer, dérober des sons, selon que le bon goût ou l'expression l'exige, prendre l'esprit d'un accompagnement, faire valoir et soutenir des voix, c'est l'art de tous les orchestres du monde, excepté celui de l'Opéra.

« Je dis que M. Rameau a abusé de cet orchestre tel quel. Il a rendu ses accompagnements si confus, si chargés, si fréquents, que la tête a peine à tenir au tintamarre continuel des divers instruments, pendant l'exécution de ses opéra, qu'on aurait tant de plaisir à entendre s'ils étourdissaient un peu moins les oreilles. Cela fait que l'orchestre, à force d'être sans cesse en jeu, ne saisit, ne frappe jamais, et manque presque toujours son effet. Il faut qu'après une scène de récitatif, un coup d'archet inattendu réveille le spectateur le plus distrait, et le force d'être attentif aux images que l'auteur va lui présenter, ou de se prêter aux sentiments qu'il veut exciter en lui : voilà ce qu'un orchestre ne fera point quand il ne cesse de racler.

« Une autre raison plus forte contre les accompagnements trop travaillés, c'est qu'ils font tout le contraire de ce qu'ils devraient faire. Au lieu de fixer plus agréablement l'attention du spectateur, ils la détruisent en la partageant. Avant qu'on me persuade que c'est une belle chose que trois ou quatre dessus entassés l'un sur l'autre par trois ou quatre espèces d'instruments, il faudra qu'on me prouve que trois ou quatre actions sont nécessaires dans une comédie. Toutes ces belles finesses de l'art, ces imitations, ces doubles dessus, ces basses contraintes, ces contrefugues, ne sont que des monstres difformes, des monuments du mauvais goût, qu'il faut reléguer dans les cloîtres comme dans leur dernier asile.

« Pour revenir à M. Rameau, et finir cette digression, je pense que personne n'a mieux que lui saisi l'esprit des détails, personne n'a mieux su l'art des contrastes; mais en même temps personne n'a moins su donner à ses opéra cette unité si savante et si desirée, et il est peut-être le seul au monde qui n'ait pu venir à bout de faire un bon ouvrage de plusieurs beaux morceaux fort bien arrangés.

> *Et ungues*
> *Exprimet, et molles imitabitur ære capillos;*
> *Infelix operis summâ, quia ponere totum*
> *Nesciet.* (Hor. Art. poet. v. 32 et seq.)

« Voilà, monsieur, ce que je pense des ouvrages du célèbre M. Rameau, auquel il faudrait que la nation rendit bien des honneurs pour lui accorder ce qu'elle lui doit. Je sais fort bien que ce jugement ne contentera ni ses partisans, ni ses ennemis : aussi n'ai-je voulu que le rendre équitable, et je vous le propose non comme la règle du vôtre, mais comme un exemple de la sincérité avec laquelle il convient qu'un honnête homme parle des grands talents qu'il admire, et qu'il ne croit pas sans défaut.

« J'approuve votre goût pour tout ce qui porte l'empreinte du génie ; mais si vous en croyez l'avis d'un homme sincère, et qui a quelque expérience, pour l'honneur des arts et la pureté de vos plaisirs, tenez-vous-en à l'admiration des ouvrages, et ne désirez jamais d'en connaître les auteurs. Vous vivrez dans des sociétés où vous ne trouverez que cabales et enthousiastes, et dont tous les membres savent déjà très décidément s'ils trouveront bons ou mauvais des ouvrages qui sont encore à faire : garantissez-vous de tout ce vil fanatisme comme d'un vice fatal au jugement, et capable même de souiller le cœur à la longue. Que votre esprit reste toujours aussi libre que votre âme ; souvenez-vous des justes railleries de Platon sur cet acteur que les vers d'un seul poète mettaient hors de lui, et qui n'était que glace à la lecture de tous les autres ; et sachez qu'il n'y a point d'homme au monde, quelque génie qu'il puisse avoir, qui soit en droit d'asservir votre raison, pas même M. de Voltaire, le maître dans l'art d'écrire de tous les hommes vivants. En un mot, je veux vous voir parcourant *la Henriade*, quand le cœur vous palpitera et que vous vous sentirez touché, transporté d'admiration, oser vous écrier en versant des larmes : Non, grand homme, vous n'êtes point encore le rival d'Homère.

« Pardonnez-moi, monsieur, un zèle peut-être indiscret, mais dicté par l'estime que ceux de vos écrits que j'ai vus m'ont inspirée pour vous. Le public les a jugés et applaudis, et y a reconnu avec plaisir l'homme d'esprit et de goût : quant à moi, j'ai cru, avec beaucoup plus de plaisir encore, y reconnaître le vrai philosophe et l'ami des hommes. Continuez donc d'aimer et de cultiver des talents qui vous sont chers et dont vous faites un bon usage. Mais n'oubliez pas pourtant de jeter de temps en temps sur tout cela le coup d'œil du sage, et de rire quelquefois de tous ces jeux d'enfants. »

XII.

DUNI.

Né à Naples en février 1709, mort le 11 juin 1775.

Les Français, malgré leur vivacité, ne sont pas aussi changeants dans leurs plaisirs qu'on pourrait le croire : ils prennent l'habitude d'un amusement comme d'une occupation, sans éprouver le dégoût qui naît ailleurs de la monotonie. Un divertissement devient chez eux une institution : il est convenu qu'on doit s'y plaire, et l'on s'y plaît. C'est ainsi qu'ils s'étaient accoutumés à la musique de Lulli, à celle de Rameau, qui les charma durant tant d'années, à laquelle même, si l'on y réfléchit, ils tiennent encore un peu. Cet ancien genre est comme un arbre indigène dont la tige a été renversée, mais dont la racine tient encore au sol natal. Il me semble qu'on en retrouve des vestiges très prononcés même dans les compositions les plus récentes.

Lorsque ces maîtres de la scène lyrique étaient en possession pleine et exclusive de leur domaine, on conçoit qu'il fallut une terrible révolution dans la musique pour détrôner des puissances si solidement établies. Aussi quand la petite troupe des bouffons passa les monts pour la première fois, et vint à Paris attaquer la musique française au centre même de son empire, le choc fut violent, la place long-temps disputée; on se combattit.... par des brochures sans nombre; on vit couler à grands flots.... l'encre et le fiel de part et d'autre.

Ce qu'il y eut d'humiliant pour les partisans du genre français ne fut pas tant d'être vaincus, que de l'être par des rivaux qui faisaient si peu de frais pour l'emporter sur eux. Le grand Opéra étalait la pompe de son spectacle, ses dieux et ses démons, ses longs poëmes en vers recherchés et spirituels, sa musique si chargée d'accompagnements, si bruyante d'exécution, enfin cette magnificence royale avec laquelle Labruyère s'étonnait qu'on pût l'ennuyer. Les bouffons, au contraire, sur un petit théâtre, sans spectacle, sans dépense, avec peu d'acteurs, un orchestre ni nombreux ni bruyant, des pièces courtes, et dont l'action était fort simple, rien que par le charme de leurs chants mélodieux, obtinrent une victoire complète. Grande leçon pour les artistes, et qui doit les instruire à ne jamais chercher leurs succès et nos plaisirs trop loin de la nature.

Duni, qui déjà s'était fait connaître en Italie par sa *Buona Figliola*, composa pour le théâtre de Paris plusieurs opéra très agréables : *le Peintre amoureux de son modèle*; *l'Isle des Fous*; *la Laitière*, etc. Cette dernière pièce fut traduite en allemand : c'est le premier opéra-comique qu'on ait vu paraître sur nos théâtres, et qui ait mis parmi nous ce genre à la mode.

Pour couronner le succès de la musique italienne, Diderot et ses amis les plus distingués dans la littérature * se mirent à la tête du parti qui la protégeait. Aussi, dans ses ouvrages, triomphe-t-il de voir que l'apparition de Duni fait pâlir l'astre de Rameau, et menace d'éclipser totalement sa renommée et celle de l'ancien genre de l'Opéra français.

* J. J. Rousseau, Grimm, etc. ces prophètes de malheur pour la musique française et de succès pour l'opéra buffa, contribuèrent sans doute à l'accomplissement de leur prédiction. Leurs talents reconnus leur donnaient de l'influence sur le public, qui, voyant des hommes si habiles vanter le chant italien, crut pouvoir en sûreté de conscience y trouver du plaisir.

XIII.

LULLI.

Né à Florence en 1633, mort à Paris en 1687.

Chez les nations comme chez les individus, les yeux sont ouverts long-temps avant que les sentiments et les pensées se développent; les arts cherchent d'abord à plaire aux sens; ce n'est que plus tard qu'ils s'adressent au cœur et à l'esprit. Ainsi le grand opéra fut inventé en Italie à une époque où la peinture en perspective, le talent des décorateurs et des machinistes, et en général la partie matérielle de la représentation théâtrale étaient portés à un très haut degré de perfection; mais où la musique était encore dans son enfance, et où l'art dramatique, abandonné depuis les anciens, était à peine renaissant.

Ces divers arts furent appelés à concourir à la formation de ce nouveau genre de spectacle, qui s'est toujours ressenti de l'état où ils se trouvaient lors de leur combinaison primitive. Ceux qui flattent les sens ont toujours prédominé;

ceux qui tiennent au sentiment et au goût ont été sacrifiés. Il a été impossible d'introduire dans ces compositions les grands effets dramatiques de la terreur et de la pitié. Les machines ont pris la place du ressort plus puissant des passions humaines, et les yeux ont usurpé l'empire du cœur.

On commença, vers le milieu du dix-septième siècle, à imiter en France ce genre de spectacle. Des poètes et des musiciens unirent leurs efforts pour le nationaliser; ces tentatives plus ou moins heureuses furent réitérées jusqu'en 1669, époque où Lulli se fit accorder par Louis XIV le privilége du grand Opéra, et, sous le nom d'*Académie royale de musique*, sut donner à ce magnifique établissement la consistance et l'éclat qu'il a toujours conservés depuis.

Le drame lyrique français prit alors la forme que nous lui voyons encore : quelques changements qu'ait éprouvés à certains égards le goût du public, et quelques modifications qu'ait dû subir le travail des artistes, les bases fondamentales sont demeurées les mêmes. Le récitatif, souvent expressif et pathétique, quelquefois traînant et psalmodié; les marches, les chœurs, les airs de chant, de ballet, etc. en un mot tout ce qui constitue ce genre de composition musicale et dramatique, se trouve dans les premiers opéra de Lulli, comme dans les ouvrages les plus modernes. Rameau donna depuis à la musique un caractère plus savant, par des chants surchargés d'accompagnements, par des partitions très travaillées. Les compositeurs plus récents l'ont rendue plus légère, plus flatteuse à l'oreille, et se sont efforcés d'y répandre les agréments du chant italien : mais, au fond, ce qu'on entend à l'Opéra de Paris, c'est toujours de la musique dans le genre de celle de Lulli. Ce n'a été même que très tard qu'on s'est décidé à s'écarter sur quelques points de la route qu'il avait tracée. Pendant long-temps il fut regardé par ceux qui lui succédèrent comme modèle unique dans l'art dont il était le créateur, et se maintint durant plus d'un siècle en possession du théâtre et de l'admiration publique.

Lulli, dans son entreprise, fut heureusement secondé par le beau talent de Quinault. Un genre de drames aussi ingénieux qu'intéressants, une versification pure et brillante, une harmonie de mots qui appelait celle des sons, la plus grande facilité à plier la poésie obéissante aux lois et même aux caprices de la musique, à changer des vers, à en composer sur de nouveaux airs dans tous les rhythmes possibles, un mérite assez éclatant pour briller au premier rang, et assez modeste pour se réduire au second; tels furent les avantages que rencontra Lulli dans son digne auxiliaire. Ils vécurent dans la plus parfaite union jusqu'à la mort de l'un et de l'autre, arrivée presque en même temps; et l'on put attribuer le grand et durable succès de l'opéra en France, à l'heureux concours de ces deux talents, non moins dignes d'éloges par leur incontestable supériorité que par leur concorde inaltérable.

XIV.

MARIVAUX.

Né à Paris en 1688, mort en 1763.

Une réputation d'abord acquise, et ensuite perdue, l'éclat d'un bruyant succès suivi du silence de l'oubli ; telle est l'histoire presque universelle des auteurs français, surtout de ceux qui ont travaillé ou travaillent encore pour le théâtre.

Une foule d'ouvrages dramatiques ont obtenu à Paris dans leur nouveauté une vogue inouïe, extravagante : et quand on les lit aujourd'hui, l'on s'étonne que la représentation ait pu seulement en être supportée. Les critiques français ne savent comment rendre raison de ce phénomène littéraire, dont l'explication me paraît pourtant facile à découvrir.

Remarquons d'abord que les ouvrages, objets de ces faveurs imméritées, ont été la plupart les coups d'essais d'auteurs débutant dans la carrière. L'attrait de la nouveauté, si puissant sur nos esprits, explique dès lors une partie du prodige. On jouit plus en imagination qu'en réalité; et pour le public, l'espérance est souvent le premier des plaisirs. Un jeune littérateur qui entre dans la lice, excite autant de curiosité et plus de bienveillance que les poètes qui ont l'habitude d'y triompher. L'écrivain qui a une réputation faite semble imposer l'admiration comme un devoir, réclamer ses droits en exigeant des hommages, et ne pas même laisser la liberté du refus. Il demande non un jugement, mais une couronne. Le public se sent l'inférieur des hommes célèbres; ce sont pour lui des maîtres. Mais il se sent le supérieur des talents naissants; ce sont pour lui des protégés. Un nom encore inconnu, et nouveau dans les lettres, est comme une feuille blanche, sur laquelle on peut écrire *bon* ou *mauvais*, à volonté. L'on aime à exercer cette espèce d'*ostracisme*, et à ordonner d'une destinée. L'auditoire étant dans ces dispositions, faut-il s'étonner qu'une pièce composée avec quelque esprit, écrite avec quelque facilité, et supérieurement jouée par d'excellents acteurs, soit accueillie avec transport, et que tandis que le talent de l'auteur se traîne terre à terre, son nom soit porté jusqu'aux nues? mais malheur à lui s'il se laisse prendre à cette perfide amorce ; si, n'ayant de droit à la faveur que la faveur même, il se fie aux fallacieuses caresses d'une multitude inconstante ! Qu'il songe plutôt à profiter de l'instant d'une vogue éphémère, pour s'assurer, s'il peut, une gloire durable. Le public, saluant le talent en espérance, aime à jeter des fleurs vers l'avenir ; c'est au talent réel, lorsqu'il reçoit cette récompense anticipée, à prouver qu'il en est digne, à justifier le succès par du mérite, à donner raison au caprice, en un mot, à gagner l'estime avant que l'engouement soit perdu.

Quelle a été la cause de ce succès qui l'a lui-même surpris ? L'espèce de lassitude qu'inspiraient au public les écrivains connus. Mais si l'on se lasse même de la supériorité, on se lasse bien plus vite de la médiocrité. C'est le sort qu'éprouvent les auteurs d'abord accueillis lorsque leur jeunesse d'esprit, la première fraîcheur de leurs idées ne sont pas soutenues par des avantages plus solides ; leur réputation se fane comme une fleur passagère : ces favoris sans mérite n'ont qu'un règne d'un moment. Ils sont dignes de pitié, en ce qu'ils n'ont connu le charme des succès et l'enivrement des louanges, que pour sentir plus douloureusement la honte de la chute et l'horreur des sifflets. Plus à plaindre encore, s'ils ne savent pas s'arrêter à temps, prendre leur parti de bonne grâce, et s'ils ne se lassent point de produire lorsqu'on est las de leurs productions. Autant ils ont reçu de marques de bienveillance, autant ils essuient d'humiliations. L'auteur dramatique qui n'abandonne pas la scène quand les applaudissements l'ont abandonné, se prépare une vieillesse affreuse, semblable à celle de la coquette surannée, qui ne veut point quitter le monde quand ses charmes l'ont quittée.

Telle fut la triste situation de Marivaux durant la dernière moitié de sa carrière. Il ne voulut jamais se persuader de cette vérité éternelle. D'abord l'objet de la prédilection du public, il poursuivait encore sa faveur fugitive, après l'avoir perdue sans retour; il ne dissimulait pas la mauvaise humeur que lui inspirait cette inconstance injurieuse pour son amour-propre. Partout on le voyait, on l'entendait accusant le public, querellant son siècle, en colère d'avoir été applaudi, en colère d'être sifflé, et d'autant plus sifflé qu'il était plus en colère.

Ce tableau ridicule avait vivement frappé

Diderot, puisque c'est un des premiers qu'il nous présente dans cette galerie de portraits satiriques, qui remplissent son *Neveu de Rameau*.

XV.

D'OLIVET.

Né en 1682, mort en 1768.

Cet écrivain, élevé chez les jésuites, acquit une instruction solide et étendue. Il en donna des preuves, soit par les traductions qu'il publia de plusieurs ouvrages de Cicéron, soit par ses travaux sur diverses parties de la grammaire. Très jeune encore, il s'était fait tant de réputation, qu'absent de Paris, il fut élu à l'unanimité membre de l'Académie française.

Il se fit détester des poètes de son temps, par ses chicanes grammaticales, voulant asservir aux lois d'un purisme rigoureux tous les élans du génie poétique. Quelquefois aussi, il faut le dire, lorsqu'ils s'écartaient de la bonne route, il les y rappelait avec raison. Zélateur de l'antiquité, autant que sévère pour ses contemporains, on était sûr de le voir relever les fautes de style dans tous les ouvrages qu'on publiait[*], et les censurer à la fois comme mauvais et comme nouveaux.

[*] D'Olivet critiqua même les fautes de langue qu'il crut

Occupé sans relâche des moyens d'exprimer les pensées d'autrui, soit comme grammairien, soit comme traducteur, il négligea toujours de penser lui-même *; et à force de se livrer à l'étude des mots, il avait complétement oublié qu'ils ne sont que les *représentants* des idées.

découvrir dans les poésies françaises du roi de Prusse Frédéric II, et maintînt ainsi les priviléges de la *grammaire, qui sait régenter jusqu'aux rois.*

* Il faut être juste, et convenir qu'il avait de bonnes raisons pour *ne pas vouloir penser*. La publication d'un ouvrage inédit du savant Huet, *sur les Philosophes de l'antiquité*, lui attira des menaces de persécution qui l'inquiétèrent au point de le décider à brûler un ouvrage de sa composition, l'*Histoire de la philosophie de l'école d'Athènes*, dont il se préparait à enrichir la littérature. On conçoit, d'après cela, qu'un homme de lettres, ami de son repos, renonçât à la périlleuse étude des choses pour ne plus s'occuper que de celle des mots.

XVI.

PALISSOT.

Né à Nanci en 1730, mort en 1813.

Esprit de la trempe de ceux qui visent au grand sans l'atteindre, et veulent quitter le médiocre et le vulgaire, qui, malgré leurs efforts, ne les quittent jamais : c'est leur élément, dont ils ne peuvent espérer de sortir. Si l'on veut être juste envers Palissot, on lui reconnaîtra de l'esprit, une instruction assez étendue, un style clair et correct. Mais ce sont précisément les hommes doués de ces qualités bornées qui ont des prétentions sans bornes. Comme ils ont quelquefois rencontré juste sur des objets qui ne passaient pas leur portée, ils partent de là pour décider de tout, et signalent leur présomptueuse insuffisance par les plus lourdes et les plus risibles bévues. Habitués à manier leur petit compas de cabinet, ils ne peuvent l'ouvrir assez pour embrasser les grands objets qu'ils osent mesurer. Il ne suffit pas en effet d'avoir apprécié à leur juste valeur des esprits médiocres, pour être en état de prononcer sur le mérite des hommes supérieurs, surtout de ceux qui débutent dans la carrière en annonçant de grands talents, mais n'ont pas encore une réputation faite, et par là mettent à l'épreuve le discernement de leurs aristarques. Le jugement qu'on porte sur eux est la pierre de touche de l'esprit de leurs juges. Le vrai connaisseur devine un grand talent dès sa naissance, comme le naturaliste voit dans un gland le chêne qu'il doit produire. Mais pour être doué de cette prescience de goût, pour sentir ainsi le mérite, il faut en posséder soi-même. Au contraire, la médiocrité ne devine rien, et jamais esprit borné ne fit mieux paraître la portée de sa courte vue que Palissot, dans le jugement ridicule qu'il porta sur les premiers ouvrages de J. J. Rousseau, lorsque, abusant d'une occasion solennelle, il tenta d'associer d'augustes personnages à sa sottise et à sa méchanceté, et que la honte dont il prétendait couvrir un grand homme retomba sur lui tout entière. Je crois devoir donner ici les particularités de cette anecdote instructive pour l'homme de lettres et pour le philosophe.

En 1755, le roi Stanislas fit élever une statue

en l'honneur de Louis xv; et l'on décida que le jour de son inauguration une pièce nouvelle destinée à en solenniser la fête serait représentée sur le théâtre de Nanci. Palissot, dont le talent déjà connu avait sans doute inspiré de la confiance aux habitants de sa ville natale, fut invité par eux à se charger de la composition de cette pièce. Autant cette occasion eût été favorable à un auteur qui aurait su puiser dans son cœur d'heureuses inspirations, et célébrer dignement les deux rois héros d'une fête intéressante; autant elle mit au jour, dans Palissot, la pauvreté d'un esprit stérile, la sécheresse d'une âme glacée, l'âcreté d'un pédant occupé avant tout de chamailleries littéraires, et qui ne savait qu'être méchant, là où tout autre que lui eût montré de la sensibilité et de l'enthousiasme. Le choix de ses compatriotes ne fut pour lui qu'une honorable corvée dont il se tira comme il put, en composant à la hâte une petite pièce à tiroirs, en prose, intitulée *le Cercle*. Il mit en scène, dans cette parade, des poètes crottés, des cuistres soi-disant beaux esprits, des femmes savantes, des précieuses; en un mot, il remplit son cadre usé des caricatures les plus usées au théâtre; point d'action, point d'intérêt, point de gaîté : il n'y eut de neuf que l'indécence jusqu'alors inouïe avec laquelle il se permit de désigner publiquement des gens de mérite par des personnalités outrageantes.

J'avoue (et c'est une impression que m'ont souvent fait éprouver des ouvrages bien supérieurs à ceux de Palissot) que je n'ai jamais vu sans une extrême répugnance des hommes de lettres chercher à répandre l'avilissement sur les lettres. Ces transfuges de l'empire des muses, ces apostats du culte des arts m'ont toujours révolté. Le public est si avare de son estime! Par quel travers d'esprit la ravir à ses compagnons d'étude, et par là en tarir la source pour soi-même? On ne peut concevoir une si absurde contradiction, qu'en supposant que ce sont presque toujours des hommes puissants, ennemis secrets des lumières ou jaloux des grands talents, qui mettent en avant de *faux frères* pour les diffamer. En ce cas, le rôle de ceux-ci ne cesse d'être inexplicable que pour être bien déshonorant.

La culture des lettres et des sciences exige des travaux si pénibles, si souvent peu encouragés et mal récompensés; les petits ridicules que peuvent contracter ceux qui se livrent à des études assidues sont si peu de chose en comparaison des grands services rendus par eux au genre humain, qu'ils me semblent mériter au moins de ne pas être livrés en plein théâtre à la risée publique. Cette opinion est dans l'intérêt de l'art dramatique comme dans celui des artistes et des savants. Leurs travers consistent plutôt en *idées* qu'en *actions*, et par là sont peu propres à faire de l'effet sur la scène. Leurs ridicules sont des opinions, et non des caractères; leurs défauts même sont *métaphysiques* : il suit de là qu'ils prêtent plus à la satire qu'à la comédie. Ceux qui fréquentent le spectacle ont sûrement remarqué comme moi, que les pièces dont les plaisanteries tombent sur le bel esprit, où l'on joue des gens de lettres, sont très froides à la représentation : l'on y sourit quelquefois; on n'y rit jamais. Le fond de ces sujets est aride, les détails pédantesques et sans gaîté.

Qu'on ne cite pas Molière, comme l'ont fait Palissot et d'autres après lui. *Rien n'est à prescrire au génie sublime;* il parcourt les routes les plus périlleuses, non d'un pas incertain et égaré, mais d'une marche assurée, et comme guidé par une puissance surnaturelle, soutenu par une main invisible qui lui fraye un chemin glorieux à travers les abîmes où tout autre que lui serait précipité et englouti.

Sous la sauve-garde de son talent, voyez avec

quelle dextérité Molière manie ces sujets difficiles, et en évite tous les écueils *! Il s'occupe bien moins à ridiculiser tels ou tels individus, qu'à tracer les caractères du pédant et du faux bel esprit **. Otez le peu qu'il y a de satire personnelle dans *les Femmes savantes*, il reste une excellente comédie. Palissot s'est bien gardé de dessiner des portraits d'après nature, de peindre de *faux philosophes*, sujet de comédie comme un autre; il n'a songé qu'à mettre des atrocités extravagantes dans la bouche des gens qu'il haïssait. Otez de sa pièce la méchanceté et la haine, il ne reste rien. Il prétend jouer les hommes les plus éloquents et les plus spirituels de son siècle, et il n'en fait que des méchants sans esprit, ce qui, au reste, est très commode pour l'auteur, qui ne veut ou ne peut pas leur en donner; tandis que Molière, généreux dans sa colère, prête à ceux qu'il joue plus d'esprit qu'ils n'en avaient, et des vers beaucoup meilleurs qu'ils n'auraient pu les faire, parce qu'il

* Dans *les Femmes savantes*, etc.

** Molière, ce profond observateur, reconnaissait cet instinct merveilleux et involontaire du talent, lorsqu'il disait, pour expliquer les disparates de Corneille, qu'il avait un *lutin* qui tantôt lui faisait ses vers, tantôt les lui laissait faire, et l'abandonnait à lui-même.

songe moins au ridicule qu'il doit à ses ennemis qu'au plaisir qu'il doit au public. Sans continuer ce parallèle injurieux à un grand homme, contentons-nous de remarquer que le prétendu imitateur montra partout un emportement aussi grossier que son modèle avait fait éclater d'habileté et de finesse. Palissot, après avoir représenté sous les traits les plus odieux les auteurs qu'il prétendait attaquer, pour couronner son œuvre diffamatoire, traça une peinture hideuse de J. J. Rousseau, à qui, dès son début dans la carrière des lettres, on pouvait sans doute reprocher quelques opinions paradoxales, mais dont le talent admirable ne brillait pas moins du plus vif éclat. Ainsi la fête de deux rois, au lieu d'être célébrée par un ouvrage plein de pensées ingénieuses et de généreux sentiments, fut dégradée par des personnalités révoltantes, et flétrie par d'ignobles satires. Ce scandale eut pour le satirique de fâcheuses suites*. D'Alembert ne pardonna point à son détracteur, et

* On sait que le roi Stanislas en fut indigné, et que, dans le premier mouvement de sa colère, il ordonna à l'Académie de Nanci d'exclure Palissot du nombre de ses membres. Il fallut que J. J. Rousseau, soutenant le caractere de philosophie héroïque dont il avait déjà donné des exemples, intercédât pour son ennemi ; et ce ne fut qu'à

l'on voit, par *le Neveu de Rameau*, que Diderot était loin de l'avoir oublié. Les philosophes et les encyclopédistes, qui reconnaissaient ces deux hommes illustres pour leurs chefs, formaient alors une société aussi puissante qu'éclairée. Palissot les trouvait partout sur son chemin, soit dans le monde, soit dans la littérature. En mille occasions ils cherchèrent à se venger, lui firent essuyer des dégoûts et des désagréments, l'abreuvèrent d'amertume, et lui rendirent la vie très dure. Il ne resta pas inactif de son côté, et devint le principal instrument qu'employèrent contre eux la haine et l'envie, irritées de leurs talents et de leurs succès. Ce fut dans l'intention de servir l'animosité de cette cabale, qu'il composa sa comédie des *Philosophes*, à l'égard de laquelle j'ai cru devoir aussi entrer dans quelques détails. Voyez l'article suivant.

l'offensé que Stanislas voulut bien accorder la grâce du satirique. Palissot, soutenant aussi le caractère de méchanceté intrépide et imperturbable qu'il avait adopté, ne témoigna à Rousseau sa reconnaissance, qu'en recommençant ses outrages, et en le jouant en plein théâtre à Paris, comme il avait fait à Nanci.

XVII.

LES PHILOSOPHES,

COMÉDIE DE PALISSOT, REPRÉSENTÉE A PARIS
LE 2 MAI 1760.

Ainsi qu'un écrivain s'est annoncé à son début, ainsi le plus souvent il remplit sa carrière. Cela est vrai surtout des auteurs médiocres, dont le premier ouvrage contient ordinairement tous les autres. L'esprit vulgaire est emprisonné dans un petit cercle. Quand il l'a parcouru, tout ce qu'il peut faire, c'est de le parcourir encore. Comme l'écureuil, il recommence le tour de sa cage ; s'agite beaucoup en pure perte, et se remue toujours sans avancer jamais.

Palissot en offre l'exemple. Sa comédie en vers des *Philosophes* n'est autre chose que sa petite pièce en prose du *Cercle*. Le fonds est exactement le même, quoique délayé dans plus de paroles. Il avait montré là toute sa portée. Il ne pouvait ni voir, ni aller plus loin.

Les réflexions curieuses que le sujet qu'il

avait choisi faisait naître sur les abus possibles de la philosophie, sur la distinction de la fausse et de la vraie, sur les inconvénients inévitables qu'entraîne le progrès également inévitable de nos connaissances, sur cet amas de paradoxes, de systèmes vagues, de rêves scientifiques, que dans les siècles éclairés on voit éclore en même temps que les chefs-d'œuvre, les découvertes et les inventions utiles, parce que les uns et les autres résultent de l'état d'activité et d'effervescence où se trouve alors l'esprit humain : ces réflexions, dis-je, avaient un bien haut degré d'intérêt, mais elles passaient absolument la petite portée de Palissot; et pourtant elles étaient les préliminaires indispensables du travail qu'il s'était imposé, en se proposant de traiter un pareil sujet; car d'après le but moral de la comédie de caractère, celui de corriger les hommes en les amusant, et de peindre avec vérité sur la scène leurs actions et leurs pensées, pour qu'une composition dramatique de ce genre puisse avoir de l'utilité et de l'importance, il faut qu'elle ait été précédée de réflexions très fines, et même très profondes : et un bon poète comique est nécessairement un grand philosophe. Ce double mérite manquait à Palissot. Au fond, pour traiter dignement le

sujet des *Philosophes*, il eût fallu l'être un peu
soi-même.

Il est vrai aussi que, traitée sous ce point de
vue, sa pièce eût conservé le grand avantage de
la comédie de caractère, celui de ne retracer
que les mœurs des hommes en général, d'é-
pargner les personnes en attaquant les ridicules, d'offrir des peintures dont ceux mêmes
qui s'y reconnaissent ne s'offensent point, parce
qu'ils n'y sont point reconnus, et qu'ils peuvent *rire du tableau sans rougir du portrait.*

Palissot eût été peut-être aussi fâché d'arriver
à cette perfection de l'art, qu'il était inhabile à
y réussir. Il eût craint que, dans son prétendu
tableau, on n'eût pas reconnu les portraits de
D'Alembert et de Diderot. Il était incapable
de réfléchir, ne se souciait guère d'amuser,
et ne songeait qu'à nuire.

Qu'on ne cherche donc point dans son ouvrage une intrigue attachante, des caractères
soutenus, des incidents comiques, un dénoûment heureux. On voudrait y voir ce que l'auteur n'a ni trouvé, ni même cherché. La pièce
est en trois actes très courts, et il a été encore
embarrassé de les remplir. Les moyens les plus
rebattus dans les comédies françaises sont ceux
qu'il emploie. Dans son œuvre satirique il n'y

eut de neuf, comme je l'ai déjà dit, que la licence d'attaquer sur la scène des personnes recommandables, et que l'impunité de ce scandale dramatique.

Voici en deux mots le plan de cette comédie :

Un homme de robe, riche, a promis la main de sa fille à un jeune officier. Il vient à mourir, et sa veuve hésite à tenir sa parole. Elle est entichée de philosophie et de littérature, et voudrait donner pour époux à sa fille un soi-disant philosophe. Celui qui a pris ce masque pour être admis chez elle, et qui convoite la dot de la jeune personne, amène dans la maison quelques fripons déguisés en beaux esprits, pour l'aider, moyennant récompense honnête, dans ses desseins auprès de la mère, et achever de tourner l'esprit à cette folle par leur prose, leurs vers et leur encens.

Si l'auteur avait eu quelque étincelle de talent, en peignant une société où l'on tient *bureau d'esprit*, et qui est présidée par une femme riche, à laquelle ceux qui composent sa cour ont intérêt de plaire, il aurait pu tracer un tableau animé de leurs prétentions auprès d'elle, de leurs rivalités, de leurs jalousies, de leurs efforts pour se supplanter, etc. Il en eût vu dans le monde des modèles qui lui auraient fourni des scènes piquantes. Mais tout cela était trop fin pour lui. Il n'a donné à ses personnages qu'un caractère uniforme, aussi plat que méchant; ils flagornent bassement cette femme en sa présence : derrière elle, ils n'en parlent qu'avec dégoût et horreur; et se promettent bien, aussitôt que le mariage de l'intrigant qui les paye sera conclu, de ne jamais remettre les pieds dans la maison.

Cependant, comme le titre des *Philosophes* annonçait une comédie de caractère, l'auteur, pour les caractériser, n'a rien imaginé de mieux que de leur prêter de temps en temps quelques maximes dignes des voleurs de grands chemins. Et c'est à de pareils traits qu'on devait, selon lui, reconnaître des hommes tels que D'Alembert et Helvétius! A la fin, un laquais marchant sur ses mains avec un pied de salade à la bouche, représente J. J. Rousseau.... Et c'est par cette parade, digne ou plutôt indigne même de la Foire, qu'il a cru vilipender un des plus beaux génies de son siècle, et jeter du ridicule sur les grandes vérités répandues dans le *Discours sur l'inégalité des conditions*, son premier bel ouvrage, et peut-être le plus beau de ses ouvrages.

Pour dénouer sa pièce, l'auteur des *Philosophes* emploie un moyen aussi adroit que neuf. Ces messieurs écrivent sur le compte de la dame qui a la bonté de les recevoir chez elle, une lettre remplie d'injures et de calomnies ; l'épître tombe justement dans les mains de l'officier auquel ils veulent souffler sa maîtresse. Quand l'auteur a besoin d'en finir, l'officier apporte la lettre, et on les met ignominieusement à la porte.

En lisant cette comédie on y reconnaît quelque habitude du théâtre dans l'enchaînement des scènes, quelque mérite dans le dialogue et dans le style ; mais l'intention révolte : cet appel aux sots contre les gens d'esprit, cette attaque dirigée contre les sciences et les lettres dans la personne des hommes qui les cultivaient avec le plus de gloire, excitent la juste indignation de tous ceux qui ont appris à en apprécier les bienfaits.

Le lecteur peut voir dans les *Lettres de Voltaire à Palissot*, rapportées ci-après, avec quel ton de sagesse et de modération Voltaire lui fait des plaintes et des remontrances sur un procédé si odieux; comment, lorsqu'il pourrait être un grand homme dictant des leçons, il se réduit à n'être qu'un honnête homme donnant des conseils, et combien cette douceur adroite donne de poids et de force à ses justes reproches. Le sacrifice de sa supériorité ne fait qu'ajouter plus d'empire à la voix de la raison.

XVIII.

LETTRES DE VOLTAIRE
A PALISSOT.

Je vous remercie, monsieur, de votre lettre et de votre ouvrage : ayez la bonté de vous préparer à une réponse longue; les vieillards aiment un peu à babiller.

J'ai la vanité de croire avoir été désigné par vous dans la foule de ces pauvres *philosophes*, car enfin j'ai été le premier qui ait écrit en faveur de l'attraction, et contre les grands tourbillons de Descartes, et contre les petits tourbillons de Malebranche; et je défie les plus ignorants, et jusqu'à Fréron lui-même, de prouver que j'aie falsifié en rien la philosophie newtonienne. La Société de Londres a approuvé mon petit Catéchisme; je me tiens donc pour très coupable de *philosophie*.

Je suis encore un des premiers qui aient employé fréquemment ce vilain mot d'*humanité*, contre lequel vous avez fait une si brave sortie dans votre comédie ; si , après cela , on ne veut pas m'accorder le nom de philosophe, c'est l'injustice du monde la plus criante.

Voilà, monsieur, pour ce qui me regarde.

Quant aux personnes que vous attaquez dans votre ouvrage, si elles vous ont offensé, vous faites très bien de le leur rendre; il a toujours été permis par les lois de la société de tourner en ridicule les gens qui nous ont rendu ce petit service.

Autrefois, quand j'étais du monde, je n'ai guère vu de souper dans lequel un rieur n'exerçât ses railleries sur quelque convive, qui, à son tour, faisait tous ses efforts pour égayer la compagnie aux dépens du rieur. Les avocats en usent souvent ainsi au barreau ; tous les écrivains de ma connaissance se sont donné mutuellement tous les ridicules possibles ; Boileau en donna à Fontenelle ; Fontenelle à Boileau ; l'autre Rousseau, qui n'est pas Jean-Jacques, se moqua beaucoup de *Zaïre* et d'*Alzire*, et moi qui vous parle, je crois que je me moquai aussi de ses dernières Épîtres, en avouant pourtant que l'*Ode sur les Conquérants* est admirable, et que la plupart de ses Épigrammes sont très jolies ; car il faut être juste, c'est le point principal.

C'est à vous à faire votre examen de conscience, et à voir si vous êtes juste en représentant MM. D'Alembert, Duclos, Diderot, Helvétius, le chevalier de Jaucourt, et *tutti quanti*, comme des marauds qui enseignent à voler dans la poche.

Encore une fois, s'ils ont voulu rire à vos dépens dans leurs livres, je trouve très bon que vous riez aux leurs; mais, pardieu, la raillerie est trop forte. S'ils étaient tels que vous les représentez, il faudrait les envoyer aux galères, ce qui n'entre point du tout dans le genre comique. Je vous parle net; ceux que vous voulez déshonorer passent pour les plus honnêtes gens du monde, et je ne sais même si leur probité n'est pas supérieure encore à leur philosophie. Je vous dirai franchement que je ne sais rien de plus respectable que M. Helvétius, qui a sacrifié deux cent mille livres de rente pour cultiver les lettres en paix.

S'il a, dans un gros livre, avancé une demi-douzaine de propositions téméraires et mal sonnantes, il s'en est assez repenti, sans que vous dussiez déchirer ses blessures sur le théâtre.

M. Duclos, secrétaire de la première académie du royaume, me paraît mériter beaucoup plus d'égards que vous n'en avez pour lui. Son livre *sur les mœurs* n'est point du tout un mauvais livre ; c'est surtout le livre d'un honnête homme. En un mot, ces messieurs vous ont-ils publiquement offensé? Il me semble que non : pourquoi donc les offensez-vous si cruellement?

Je ne connais point du tout M. Diderot ; je ne l'ai jamais vu ; je sais seulement qu'il a été malheureux et persécuté : cette seule raison devait vous faire tomber la plume des mains.

Je regarde d'ailleurs l'entreprise de l'*Encyclopédie* comme le plus beau monument qu'on pût élever à l'honneur des sciences : il y a des articles admirables, non seulement de M. D'Alembert, de M. Diderot, de M. le chevalier de Jaucourt, mais de plusieurs autres personnes, qui, sans aucun motif de gloire ou d'intérêt, se font un plaisir de travailler à cet ouvrage.

Il y a des articles pitoyables sans doute, et les miens pourraient bien être du nombre; mais le bon l'emporte si prodigieusement sur le mauvais, que toute l'Europe désire la continuation de l'*Encyclopédie*. On a traduit déjà les premiers volumes en plusieurs langues; pourquoi donc jouer sur le théâtre un ouvrage devenu nécessaire à l'instruction des hommes et à la gloire de la nation?...

Vous me faites enrager, monsieur ; j'avais résolu de rire de tout dans mes douces retraites, et vous me contristez. Vous m'accablez de politesses, d'éloges, d'amitiés; mais vous me faites rougir quand vous imprimez que je suis supérieur à ceux que vous attaquez. Je crois bien que je fais mieux des vers qu'eux, et même que j'en sais autant qu'eux en fait d'histoire; mais, sur mon Dieu, sur mon âme, je suis à peine leur écolier dans tout le reste.

Encore une fois, je ne connais point M. Diderot, je ne l'ai jamais vu; mais il avait entrepris avec M. D'Alembert un ouvrage immortel, un ouvrage nécessaire, et que je consulte tous les jours. Cet ouvrage était d'ailleurs un objet de trois cent mille écus dans la librairie; on le traduisait déjà dans trois ou quatre langues: *questa rabbia detta gelosia* s'arme contre ce monument cher à la nation, et auquel plus de cinquante personnes de distinction s'empressaient de mettre la main.

Un Abraham Chaumeix s'avise de donner à M. Joly de Fleury un Mémoire dans lequel il fait dire aux auteurs ce qu'ils n'ont point dit, empoisonne ce qu'ils ont dit, et argumente contre ce qu'ils diront. Il cite aussi faussement les pères de l'Église que le dictionnaire.

M. de Fleury, accablé d'affaires, a le malheur de croire maître Abraham. Le parlement croit

M. Joly de Fleury, M. le chancelier retire le privilége, les souscripteurs en sont pour leurs avances, les libraires sont ruinés, M. Diderot est persécuté, je me trouve pour ma part désigné très injustement dans le réquisitoire de M. de Fleury; et, quoique le public n'ait pas approuvé le réquisitoire, la persécution existe malgré les cris de la nation indignée.

C'est dans cette circonstance odieuse que vous faites votre comédie contre les philosophes : vous venez les jouer quand ils sont *sub gladio*.

Vous me dites que Molière a joué Cotin et Ménage, soit ; mais il n'a point dit que Cotin et Ménage enseignaient une morale perverse; et vous imputez à tous ces messieurs des maximes affreuses dans votre pièce et dans votre préface.

Vous m'assurez que vous n'avez point accusé le chevalier de Jaucourt. Cependant c'est lui qui est l'auteur de l'article *Gouvernement*; son nom est en grosses lettres à la fin de cet article. Vous en déférez plusieurs traits qui pourraient lui faire grand tort, dépouillés de tout ce qui les précède et qui les suit, mais qui, remis dans leur ensemble, sont dignes des Cicéron, des De Thou et des Grotius....

Vous voulez rendre odieux un passage de l'excellente préface que M. D'Alembert a mise au-devant de l'*Encyclopédie*, et il n'y a pas un mot de ce passage. Vous imputez à M. Diderot ce qui se trouve dans les *Lettres juives*; il faut que quelque Abraham Chaumeix vous ait fourni des mémoires comme il en a fourni à M. Joly de Fleury, et qu'il vous ait trompé, comme il a trompé ce magistrat. Vous faites plus, vous ajoutez à vos accusations contre les plus honnêtes gens du monde, des horreurs tirées de je ne sais quelle brochure intitulée *la Vie heureuse*, qu'un fou nommé Lamétrie, composa un jour étant ivre à Berlin, il y a plus de douze ans. Cette sottise de Lamétrie oubliée pour jamais, et que vous faites revivre, n'a pas plus de rapport avec la *philosophie* et l'*Encyclopédie*, que *le Portier des Chartreux* n'en a avec l'*Histoire de l'Église*; cependant vous joignez toutes ces accusations ensemble. Qu'arrive-t-il? votre délation peut tomber entre les mains d'un prince, d'un ministre, d'un magistrat occupé d'affaires graves, de la reine même, plus occupée encore à faire du bien, à soulager l'indigence, et à qui d'ailleurs les bienséances de sa grandeur laissent peu de loisir. On a bien le temps de lire votre préface qui contient une feuille : mais on n'a pas le temps d'examiner, de confronter les ouvrages immenses auxquels vous imputez ces dogmes abominables. On ne sait point qui est ce Lamétrie; on croit que c'est un des encyclopédistes que vous attaquez, et les innocents peuvent payer pour le criminel qui n'existe plus. Vous faites donc beaucoup plus de mal que vous ne pensiez et que vous ne vouliez; et certainement, si vous y réfléchissez de sang-froid, vous devez avoir des remords.

Voulez-vous à présent que je vous dise librement ma pensée ? Voilà votre pièce jouée (elle est bien écrite, elle a réussi); il y aurait une autre gloire à acquérir, ce serait d'insérer dans tous les journaux une déclaration bien mesurée, dans laquelle vous avoueriez que, n'ayant pas en votre possession le *Dictionnaire encyclopédique*, vous avez été trompé par les extraits infidèles qu'on vous en a donnés; que vous vous êtes élevé avec raison contre une morale pernicieuse; mais que depuis, ayant vérifié les passages dans lesquels on vous avait dit que cette morale était contenue, ayant lu attentivement cette préface de l'*Encyclopédie*, qui est un chef-d'œuvre, et plusieurs articles dignes de cette préface, vous vous faites un plaisir et un devoir de rendre au travail immense de leurs auteurs, à la morale sublime répandue dans leurs ouvrages, à la pureté de leurs mœurs, toute la justice qu'ils méritent. Il me semble que cette démarche ne serait point une rétractation (puisque c'est à ceux qui vous ont trompé à se rétracter); elle vous ferait beaucoup d'honneur, et terminerait très heureusement une très triste querelle.

Voilà mon avis, bon ou mauvais; après quoi je ne me mêlerai en aucune façon de cette affaire; elle m'attriste, et je veux finir gaîment ma vie; je veux rire; je suis vieux et malade, et je tiens la gaîté un remède plus sûr que les ordonnances de mon cher et estimable Tronchin. Je me moquerai tant que je pourrai des gens qui se sont moqués de moi; cela réjouit et ne fait nul mal. Un Français qui n'est pas gai est un homme hors de son élément. Vous faites des comédies, soyez donc joyeux; et ne faites point de l'amusement du théâtre un procès criminel. Vous êtes actuellement à votre aise, réjouissez-vous; il n'y a que cela de bon.

Si quid novisti rectius istis
Candidus imperti ; sinon , his utere mecum.

Il y avait une vieille dévote très acariâtre qui

disait à sa voisine : Je te casserai la tête avec ma marmite. Qu'as-tu dans ta marmite ? dit la voisine. Il y a un bon chapon gras, répondit la dévote. Eh bien, mangeons-le ensemble, dit l'autre. Je conseille aux encyclopédistes, jansénistes, molinistes, à vous tout le premier, et à moi d'en faire autant. Que reste-t-il à faire après qu'on s'est bien harpaillé ? à mener une vie douce, tranquille, et à rire.

XIX.

ALBERTI.

Doué de l'organisation la plus favorable, soit à la composition musicale, soit à l'exécution, il possédait une voix étonnante, et dont Farinelli lui-même fut jaloux, la main la plus brillante sur le piano, une tête où des chants harmonieux naissaient comme les fleurs dans un terrain fertile. Ces heureux dons de la nature furent perfectionnés par d'excellentes études. Alberti a composé la musique de l'*Endymion* de Métastase, et plusieurs autres ouvrages très estimés. L'Italie ne fut pas le seul théâtre de ses succès; il voyagea, vint à Paris et à Londres, et recueillit partout les témoignages de l'enthousiasme qu'il inspirait. Il eut assez de fortune ou de désintéressement, ou de l'un et de l'autre, pour ne point chercher des ressources dans ses talents, et n'en tirer que des plaisirs pour lui-même et pour la société, dont il fit les délices.

Il mourut jeune, et sa perte prématurée laissa de longs regrets aux arts, à ses amis et à sa patrie, qui ne s'attendait pas à être si tôt veuve de ce nouvel Orphée.

XX.

DAUVERGNE.

Né en 1716, mort en 1799.

Directeur du grand Opéra de Paris, il fit la musique de plusieurs tragédies lyriques, représentées avec succès sur ce théâtre. Lorsque la vogue prodigieuse des Bouffons eut fait connaître que le public demandait absolument un nouveau genre de spectacle, qui offrît moins de pompe et plus de plaisir, il se prêta de bonne grâce au goût général, convaincu que les artistes doivent toujours s'y conformer, et non prétendre à l'asservir. De plus, il voulut prouver que les Français pouvaient aussi-bien réussir en ce genre que les Italiens, et il composa la musique de la jolie pièce des *Troqueurs*. Ce fut principalement par ses soins que l'Opéra-comique s'établit en France à cette époque.

XXI.

BACULARD D'ARNAUD.

Né en 1719, mort en 1805.

Après avoir débuté dans la littérature par de petites poésies gaies, galantes, et même assez indécentes *, il quitta tout à coup ce genre bouffon pour composer les tragédies les plus sombres et les plus noires qui aient jamais épouvanté des spectateurs. C'est surtout par ces lamentables pièces qu'il est connu parmi nous ; car *Euphémie* et *le Comte de Cominge*, après avoir attristé la scène française, sont venus promener sur nos théâtres leur étalage funéraire ; et nos connaisseurs ont jugé, comme le public de Paris, que D'Arnaud serait le plus grand des poètes dramatiques, si, pour toucher le cœur, il suffisait d'effrayer les regards, de substituer un lugubre appareil de cimetières, de linceuls, de cercueils, etc. aux nobles

* L'*Épître au ... de Manon*, et d'autres.

pensées, aux sentiments pathétiques, à l'intérêt et au naturel de la vraie tragédie, et de remplacer les beaux vers par des têtes de morts.

XXII.

LE BARON DE BAGGE.

Gentilhomme né en Allemagne, d'autres disent dans le Hainaut, qui vint se fixer à Paris, et s'y fit remarquer en affichant une grande passion pour la musique. Non seulement il voulut jouir des talents des artistes; il prétendit encore se mêler dans leurs rangs, et y briller à son tour. Le succès ne répondit pas à son espoir. Comme d'autres versifient malgré Minerve, il raclait malgré Polymnie. Nul ne prouva mieux que le goût d'un art n'en est pas le talent; mais peut-être était-il si heureusement aveuglé par l'amour-propre, qu'il fut le seul qui ne s'en aperçût point.

Cet enthousiasme dépourvu de connaissances pour un art qu'il lui était plus facile d'admirer que de comprendre, ses prétentions excessives, et ses talents médiocres, ses concerts à jour fixe annoncés publiquement, appelèrent sur lui le ridicule, que les Parisiens distribuent à si bon compte, et qui avec eux ne se fait jamais attendre : car, en France, ceux à qui l'estime est due sont souvent arriérés de leur salaire ; ceux qui obtiennent le ridicule sont toujours payés comptant.

C'est sous ce point de vue que Diderot lui-même paraît avoir envisagé cet amateur, lorsqu'il a fait d'un fou tel que le neveu de Rameau la principale colonne de ses concerts. (Voyez cet ouvrage de Diderot.)

XXIII.

BATTEUX,

DE L'ACADÉMIE FRANÇAISE.

Né en 1713, mort en 1780.

Il a composé divers ouvrages *sur la théorie des arts et des lettres*, branche des connaissances humaines appelée parmi nous *esthétique*. Au lieu de se faire artiste et poète lui-même, il se mit à endoctriner les poètes et les artistes, et ne leur épargna pas les préceptes, toujours plus faciles à donner que des exemples.

Dans son *Traité des beaux-arts réduits à un seul principe*, il se fit l'apôtre de l'évangile demi-véridique de l'*imitation de la nature*. Ce système, poussé à l'excès, est aussi absurde que l'affectation de ceux qui s'efforcent de bannir du domaine des arts le naturel et la vérité.

Les arts sont la nature embellie; ils doivent la reproduire avec fidélité, mais en même temps avec force et avec grâce; car si leur but est de l'imiter, leur destination est aussi de plaire.

Leur perfection consiste dans un heureux mélange d'objets réels exactemént retracés, et d'ornements qui en relèvent le prix et l'éclat. C'est ce qu'ignorent les esprits exclusifs, qui sont pour la plupart des esprits bornés, et qui nous enseignent avec tant de présomption et de hauteur ce qu'ils ne sont pas même capables d'apprendre. L'abbé Batteux était de ce nombre.

Diderot, dans son *Neveu de Rameau*, en parle aussi comme d'un hypocrite. La raison nous en est tout-à-fait inconnue.

XXIV.

L'ABBÉ LEBLANC.

Né en 1713, mort en 1780.

Auteur d'*Abensaïd**, tragédie en vers faibles, et d'autres ouvrages en prose plus faible encore.

Lorsque, par la faveur du public ou par celle des grands, un homme médiocre parvient aux honneurs et à la fortune, on sent combien un pareil spectacle doit ébranler l'imagination de ceux qui ont autant de talents, quelquefois plus que lui, mais qu'un caprice heureux du sort n'a point tirés comme lui de la foule commune : ils se sentent à la même hauteur, se comparent au favori sans mérite ; et, comme il n'a sur eux d'autre avantage que son bonheur, la comparaison justifie leur espoir, lorsqu'ils se bercent

---

* Il y avait un autre Leblanc avec lequel on risque de le confondre, qui vivait dans le même temps que lui, était poète tragique comme lui, médiocre comme lui. Ce dernier a composé pour le théâtre, *Virginie*, *les Druides*, *Manco-Capac*, etc. De cette dernière pièce on n'a retenu que ce vers :

Crois-tu d'un tel forfait Manco-Capac capable ?

des plus flatteuses illusions, et ne mettent point de bornes à leurs prétentions insensées. Ils rêvent les grandeurs, les richesses, la gloire. Le moment n'est pas arrivé, mais il ne faut qu'attendre, et leur tour doit venir. Cette espérance est au fond bien chimérique; mais elle est spécieuse, et fondée sur un raisonnement plausible. Ils sont d'autant plus abusés, qu'ils le sont par des vraisemblances. Malheureusement pour eux, ces mots vraisemblance, raisonnement, n'ont rien de commun avec le hasard aveugle qui fait et défait les destinées humaines.

En effet, si la fortune était conséquente dans ses iniquités, et ne favorisait jamais que des sots; si elle avait toujours tort, ce serait, jusqu'à un certain point, comme si elle avait toujours raison. Ce serait un *ordre inverse*, si l'on veut, mais toujours un ordre. On verrait devant soi une route à suivre; on s'étudierait à devenir sot méthodiquement, par principes, par esprit de conduite. Mais pour déconcerter toutes les spéculations, et se maintenir dans son indépendance absolue, elle protége quelquefois l'homme à talents, qui obtient des récompenses, quoiqu'il les mérite. En un mot, cette déesse ne fait que ce qui lui plaît, et choisit ses amants dans la foule, sans distinction entre l'esprit et la sottise, entre la supériorité et la nullité, sans autres lois ni règles que ses bizarres fantaisies.

L'auteur dont nous parlons n'eut pas à s'en plaindre : la fortune et madame de Pompadour, aussi capricieuses l'une que l'autre, lui prodiguèrent les pensions et les faveurs de la cour. Ce Leblanc était un homme très médiocre, et pourtant il ne fut pas de l'Académie française.*

Il y a lieu de s'étonner, car la médiocrité a toujours été le principal titre d'admission du plus grand nombre des académiciens français. Il fallait réunir deux choses : le suffrage de la cour, qui avait tant d'influence sur leur nomination, et l'opinion publique, qui s'en était arrogé la censure. A l'égard de ces nominations, la médiocrité a de grands avantages; elle n'est jamais assez complétement dépourvue d'esprit et de talents pour révolter le public par un choix absolument ridicule et extravagant; d'un autre côté, elle n'a pas assez de mérite pour faire ombrage à l'autorité. Tandis que le public exerce,

* Pour le consoler de n'avoir pu parvenir au fauteuil académique, madame de Pompadour chercha à lui obtenir quelque autre place qui le rendît aussi *nécessaire à l'état*. En conséquence, elle le fit nommer *historiographe perpétuel des bâtiments de la couronne*; emploi que l'on créa exprès pour lui.

pour ainsi dire, à l'égard des écrivains trop plats et des noms trop obscurs, le même droit de récusation que la cour exerce à l'égard des grands hommes et des talents supérieurs, la médiocrité concilie tout : d'ailleurs elle est plus traitable, plus facile à vivre que le génie; on en fait plus ce qu'on veut. Comme elle est peu de chose par elle-même, que sa faiblesse a besoin d'être appuyée et mise en valeur par la protection, elle est souple et docile aux volontés de ceux qui la protégent; ajoutez qu'elle se laisse facilement gagner par l'argent, les places et les honneurs; tandis que l'homme de génie est presque toujours désintéressé et incorruptible. Les nobles passions dont il est animé le rendent inaccessible à la séduction des avantages que le pouvoir peut lui offrir : il n'ambitionne que la gloire; il n'aspire qu'à l'honneur d'immortaliser son nom, et de conquérir des droits à la reconnaissance du genre humain.

Dans le portrait de l'abbé Leblanc, Diderot peint d'une manière pittoresque et spirituelle la position embarrassante de l'homme médiocre, qui n'est rien par lui-même, et ne doit qu'au caprice d'un protecteur une existence fragile, comme la fantaisie qui la lui donne.

XXV.

BOURET.

Fermier-général, directeur des postes, etc., il possédait une immense fortune et les places les plus lucratives, qu'il devait à la faveur du roi et des ministres. S'il ne lui coûta que le sacrifice d'un petit chien* pour acquérir de si grands avantages, il fit évidemment une excellente spéculation.

Mais ses manéges d'intrigant et ses bassesses de courtisan, dont Diderot a fait, dans son *Neveu de Rameau*, une satire d'autant plus sanglante, qu'elle est revêtue des formes de l'éloge, ces moyens si bien appropriés pour amasser promptement une fortune immense, ne suffisaient pas pour la conserver : il eût fallu joindre l'esprit de conduite à l'esprit d'intrigue : or, dans le temps même où sa fortune paraissait le mieux établie et le plus inébranlable, un homme sensé aurait pu en prévoir la chute, parce qu'elle était encore au-dessous de son goût effréné pour

* Voyez *le Neveu de Rameau*, page 116.

la dépense, et de ses prodigalités extravagantes. Quelques traits en donneront une idée aux lecteurs. Il fit construire dans sa terre de Croix-Fontaine, sur des dimensions de palais, des bâtiments d'une si vaste étendue et d'un entretien si dispendieux, qu'ils auraient ruiné un souverain. Bouret, comme je l'ai dit plus haut, s'était rendu agréable au roi Louis XV. Ce monarque, qui venait chasser tous les ans dans les environs de sa terre, lui ayant annoncé qu'il irait le voir, Bouret fit bâtir à grands frais un pavillon magnifique uniquement pour recevoir la visite du roi.

Par ses folles dissipations, il dérangea insensiblement ses affaires; et lorsque la mort de Louis XV entraîna, selon l'usage, le renvoi de ses ministres et la disgrâce de ses favoris, Bouret, qui commençait à éprouver de grands embarras, perdit tout à coup tous ses protecteurs dans le moment où ils lui étaient devenus le plus nécessaires. C'est bien alors que le plus grand homme du siècle en intrigues, comme le définit Rameau, aurait eu besoin de cet esprit *qui avait inventé la robe et la perruque du garde des sceaux*, pour trouver quelques ressources dans ses malheurs, pour rassembler quelques débris de son naufrage. Mais son esprit l'avait abandonné comme sa fortune. Sa raison s'égara; il mit fin à ses jours dans un accès de désespoir ; et cette extrémité déplorable où les malheureux sont conduits par les cruautés du sort et l'opiniâtreté de leurs souffrances, il y arriva par le chemin de l'opulence et du bonheur.

XXVI.

BRET.

Il a composé beaucoup de comédies, dont le dialogue est facile et élégant, mais qui manquent de verve et de naturel. Elles sont aujourd'hui complétement oubliées.

Il est aussi l'auteur d'un Commentaire sur les Œuvres de Molière, travail au-dessus de ses forces.

Sa comédie de *la fausse Confiance*, ou *la Confiance trahie*, fut sifflée en 1763.

XXVII.

CARMONTEL.

Né en 1717.

Sous le titre modeste de proverbes dramatiques, il a publié un grand nombre de petites comédies très ingénieuses, et qui lui ont fait beaucoup de réputation, le public mesurant avec raison son estime sur le talent de l'auteur, plus que sur l'étendue de l'ouvrage.

Diderot nous apprend qu'un dessin où Carmontel avait représenté Rameau l'oncle, décida ce dernier à se corriger de son costume et de son extérieur ridicule. Carmontel n'était pas moins heureux à saisir les ressemblances et les traits des caractères, en maniant les crayons de Thalie.

XXVIII.

DESTOUCHES.

L'un des musiciens de l'école de Lulli, a composé au commencement du dix-huitième siècle la musique de plusieurs opéra, depuis longtemps oubliées.

Il a aussi existé en France, à la même époque, un poète comique du même nom, né en 1680, mort en 1754, auteur agréable et judicieux, qui a prouvé que les talents en littérature ne sont point incompatibles avec l'esprit des affaires. Ambassadeur à Londres, et poète comique à Paris, il fit doublement honneur à la France. Mais après avoir été long-temps l'objet de la faveur déclarée du public, il fut témoin de l'indifférence que cet arbitre despotique des destinées littéraires manifesta pour ses derniers ouvrages. Destouches connaissait les hommes, puisqu'il savait les peindre. Il se résigna sagement à leur inconstance, et renonça au théâtre. (*Voyez* l'article DORAT.)

XXIX.

POINSINET.

Né à Fontainebleau en 1735, mort en 1769.

Les ouvrages de la nature sont aussi imparfaits au moral qu'au physique : et si nos yeux sont affligés de la prodigieuse quantité d'organisations manquées, de difformités monstrueuses, d'êtres crochus, tortus, qui s'offrent devant nous de toutes parts, notre esprit n'est pas moins choqué, quand nous rencontrons dans la société cette foule d'organisations non moins défectueuses au moral, d'entendements contrefaits, d'imaginations malades, d'aveugles à la lumière de la vérité, de sourds à la voix de la raison, d'*esprits boiteux*, selon l'expression du philosophe, qui nous donnent un spectacle également digne de risée et de pitié.

Mais le pire, sans contredit, de leurs inconvénients et de leurs malheurs, c'est que souvent ces êtres disgraciés, qu'on ne remarque que parce qu'ils choquent, parce qu'ils sont un supplice pour nos yeux et nos oreilles condamnés à les voir et à les entendre, prennent l'attention qu'attirent leurs défauts pour un hommage rendu à leurs qualités, croient qu'on les admire parce qu'on les regarde, et se donnent d'autant plus d'importance qu'ils ont plus de ridicules, puisque c'est toujours en proportion de leur déraison ou de leur ineptie qu'ils nous affectent plus vivement.

A cet égard on se fait plutôt illusion sur les défauts intellectuels, aperçus seulement de la pensée, que sur les difformités corporelles qui blessent les sens; et il n'y a guère d'esprit mal fait ou de cerveau timbré, qui n'attribue l'étonnement qu'excitent ses extravagances, à l'admiration qu'inspire son originalité.

Pour achever de les faire tomber dans ce piége, il existe beaucoup de gens pour qui le ridicule est un spectacle, et qui font cercle autour d'un fou, parce qu'il les divertit. Le moyen que celui-ci ne se persuade pas qu'il est un bel esprit dont on s'empresse d'écouter et d'applaudir les saillies?

Aussi, grâce à ces témoignages burlesques d'une approbation dérisoire, le rôle des écervelés dont je parle, devient-il quelquefois plus agréable qu'on ne le croirait d'abord. Ils vivent dans le grand monde, ils vont partout; on se moque d'eux, mais on les reçoit, quelquefois on les cite, et même avec complaisance :

Un sot trouve toujours un plus sot qui l'admire.

Ils sont les bouffons et les fous, non d'un prince ou d'un grand seigneur, mais de la société en général. On les invite à dîner, à souper ; le bon accueil ne leur manque nulle part. S'ils restent à court dans une discussion savante, s'ils font une entreprise littéraire qui manque, si on les siffle au théâtre, peu leur importe, rien ne les déconcerte. Ils espèrent plus de succès pour une autre occasion ; on parle d'eux en bien ou en mal ; on en parle, cela suffit ; leur but est atteint. Au fond, ces fous-là ont raison. Dans un pays où le bruit se prend si souvent pour la renommée, il vaut mieux être connu par des ridicules que d'être sans ridicule et ignoré.

Le premier de ces rôles fut celui que joua Poinsinet dans la société et dans la littérature française. Il y fut même *chef d'emploi*, car ses folies lui donnèrent une sorte de célébrité. Entre autres marques d'une tête mal organisée, le travers qui le caractérisait plus particulièrement, c'était une crédulité sans bornes, fondée sur un excès de fatuité et de présomption. Dès qu'on mettait en jeu son amour-propre, dès qu'on le prenait par l'excès de bonne opinion qu'il avait de lui-même, il n'y avait pas d'extravagance qu'on ne pût lui faire accroire.

Lorsque la crédulité vient ou d'ignorance des choses, ou de confiance dans les hommes, elle ne choque point; et des personnes même très spirituelles peuvent avoir ce défaut. Celui qui croit trop, parce qu'il ignore beaucoup, n'a besoin, pour se corriger, que d'apprendre. Celui qui est crédule par excès de confiance en la parole d'autrui, ne saura que trop tôt qu'il faut souvent s'en défier. Dans l'un et l'autre cas, ce défaut intéresse, loin de blesser, parce qu'il tient quelquefois à des qualités précieuses. Il y a de l'innocence dans la *crédulité d'ignorance*; et dans la *crédulité de confiance*, il entre de la loyauté. Mais la crédulité qui résulte d'un fonds inépuisable de suffisance et de vanité, n'inspire ni intérêt ni pitié. Elle n'excite que le désir de s'en moquer. Tel est le sentiment que Poinsinet faisait naître. Tous ceux qui le connaissaient le persiflaient à l'envi, et se disputaient le plaisir d'en faire leur dupe et leur jouet.

Ce qu'on raconte des sottises qu'on lui a fait faire, des tours qu'on lui a joués en sa présence, et sans qu'il s'en soit douté, etc. est inconcevable, et pourtant est avéré. On craint d'être soi-même crédule comme lui, en ajoutant foi à toutes les folies dont il s'est montré capable : il fut, sans contredit, le modèle du ridicule le plus achevé; et il n'y a pas jusqu'à l'accident par lequel il périt en Espagne, où il tomba par mégarde dans le Guadalquivir, qui ne semble compléter la bizarrerie de son existence. On dirait qu'après avoir été toute sa vie le jouet de la société, il ait fini par être le jouet de la nature, pour soutenir jusqu'au bout son rôle de dupe, comme si sa vie entière n'avait dû être qu'une *mystification* (1) : pareil à la *grenouille de l'artificier* toujours mise en avant pour exciter la curiosité des spectateurs, et qui à la fin s'enflamme, crève, effraye tout le monde, ne fait de mal à personne, on dirait que Poinsinet avait été créé par une maligne destinée uniquement pour amuser la malice de la société, par le spectacle de ses folies et l'éclat de ses ridicules.

NOTE DES TRADUCTEURS.

(1) Ce mot de *mystifications* fut inventé exprès pour lui. On a rempli un gros volume de celles qu'on lui a fait essuyer, et tout n'y est pas. Quelque établie que fût la bonne réputation d'une femme, quel que fût l'éclat de sa beauté, de sa fortune ou de son rang, lorsqu'on annonçait à Poinsinet qu'elle était passionnément amoureuse de lui, il le croyait à l'instant, et ne manquait pas de se rendre au rendez-vous qu'on se divertissait à lui donner en son nom. Il avait beau n'y trouver jamais personne, cela ne le corrigeait pas. On sait qu'il apprit pendant six mois le bas-breton, pensant apprendre l'anglais, et se croyant désigné par le roi pour l'ambassade d'Angleterre. On lui persuada aussi qu'à Versailles le roi ne se servait pas d'écran pour se garantir du feu, mais que c'étaient des personnes attitrées qui rendaient ce service à sa majesté, et que cet emploi était aussi honorable que lucratif. Aussitôt Poinsinet résolut d'acheter une charge d'*écran du roi*. Cet emploi exposait le titulaire à supporter une forte chaleur; mais l'habitude faisait disparaître cet inconvénient, et au bout d'un certain temps on n'y

pensait plus. En conséquence, durant tout un hiver, Poinsinet se grilla les jambes devant une cheminée, afin d'y être fait quand il entrerait en charge, etc.

XXX.

MADAME DE TENCIN.

D'après le caractère éminemment sociable des Français, il n'est pas étonnant que les femmes aient exercé sur eux une si prodigieuse influence. L'esprit de société, l'art de la conversation sont au nombre des talents qu'elles possèdent par excellence, et où les hommes sont forcés de reconnaître leur infériorité. C'est là qu'elles peuvent déployer avec avantage leur désir de plaire, leur coquetterie d'esprit, leur sagacité à deviner les faiblesses des hommes, leur habileté à en profiter, leur facilité à entendre ce qu'elles n'ont pas l'air d'avoir compris, et quelquefois aussi leur air d'entendre parfaitement ce qu'elles ne comprennent point. En tout ce qui est bienséances, convenances, elles sont législatrices : le code du savoir-vivre est leur ouvrage. Dans les pays où les hommes ne causent qu'entre eux, leur conversation dégénère promptement en dispute; ils sont toujours prêts à se rompre en visière, s'opiniâtrent dans leurs idées, et tiennent à honneur de ne point céder : mais là où les femmes donnent le ton, le charme de leurs manières adoucit ces formes trop dures; elles font servir les égards qu'on a pour elles à maintenir ou à rétablir la paix, à rendre à l'horizon social sa sérénité en dissipant les orages qu'élèvent l'inflexibilité du caractère ou la susceptibilité de l'amour-propre. Le liant de leur esprit est le ciment de la société, et lui donne la consistance, l'accord (ne fût-il qu'apparent) que l'on connaîtrait moins sans elles, et que peut-être on ne connaîtrait point du tout.

Madame de Tencin fut la première à Paris qui donna le modèle d'une société où se réunissaient les savants et les hommes de lettres les plus célèbres : et comme elle fut même la seule durant plusieurs années, on peut dire que pendant ce temps ce fut chez elle que se tinrent les états-généraux de la littérature. Peu à peu d'autres femmes l'imitèrent; et à l'instar de la sienne se formèrent ces sociétés brillantes et éclairées, qui ont tant contribué à répandre de l'éclat sur la nation française, et lui ont servi même à donner le ton au reste de l'Europe.

Sous des dehors flatteurs de bonhomie et de

simplicité, madame de Tencin cachait beaucoup d'esprit, d'adresse, une grande connaissance du cœur humain, une extrême habileté à manier les affaires. Ces qualités ne furent point perdues; elle en fit usage dans des occasions importantes, et influa puissamment sur plusieurs événements marquants de son siècle. C'était là, au reste, la sphère où son esprit aimait à s'exercer. Lorsqu'au lieu de politique elle s'occupait de littérature, ce n'était pour elle qu'un pis-aller; elle eût mieux aimé travailler à des édits qu'à des romans, et placer ses amis au ministère qu'à l'Académie. Active et obligeante, elle fit servir son crédit à rendre de nombreux services, et s'attacha ainsi beaucoup de personnes de mérite.

Dans le jugement que Diderot porte sur madame de Tencin, il n'en fait pas un petit éloge, en la comptant au nombre des esprits les plus marquants de son siècle.

Ce serait une histoire intéressante que la sienne, et celle des femmes célèbres qui présidèrent aux principales sociétés de Paris dans le dix-huitième siècle, telles que mesdames Geoffrin, Désessarts, Du Deffand, mademoiselle de Lespinasse, etc.; on y puiserait des détails utiles à la connaissance, soit du caractère et de l'esprit français en particulier, soit même de l'esprit humain en général; car ces particularités se rattacheraient à des temps également honorables à l'un et à l'autre. Celui qui se chargerait d'écrire cette histoire, trouverait dans les Mémoires de Marmontel d'excellents matériaux.

XXXI.

LE CARDINAL DE TENCIN.

Né en 1679, mort en 1759.

Ses liaisons avec le contrôleur-général Law, dont il reçut l'abjuration, servirent à sa fortune, et nuisirent à sa réputation. Il fut nommé ministre par le crédit de sa sœur, qui ne faisait avec lui qu'un cœur et une âme, et qui avait reporté sur ce frère chéri toute l'ambition qu'elle ne pouvait avoir pour elle-même. Cet homme d'état fit beaucoup parler de lui, soit en mal, soit en bien. Diderot [*] le place entre de grands hommes, Vauban et Turenne, et d'adroits intrigants, Bouret et Trublet; mais toujours parmi des gens habiles; car l'habileté est une qualité commune aux intrigants comme aux grands hommes : il n'y a que son but et son emploi qui établissent la distinction des uns et des autres. Quand les uns travaillent pour le public, les autres ne tra-

[*] Voyez *le Neveu de Rameau*, page 122.

vaillent que pour eux seuls : voilà toute la différence.

On ne peut savoir positivement à laquelle de ces deux classes Diderot a voulu assimiler le cardinal de Tencin. Cependant je serais porté à croire qu'il en jugeait favorablement.

XXXII.

L'ABBÉ TRUBLET.

Né à Saint-Malo en 1687, mort en 1770.

Fontenelle et Lamotte, hommes d'esprit et de talent, mais plus remplis de lumières que de génie, et plus habiles écrivains en prose qu'en vers, imaginèrent au commencement du dix-huitième siècle d'exalter la prose aux dépens de la poésie. Ils fabriquèrent à cet égard un système spécieux, et soutinrent leur paradoxe avec beaucoup d'art et d'adresse. Comme ils étaient les auteurs les plus marquants de cette époque, qu'ils donnaient le ton à l'opinion, et que d'ailleurs il n'existait point alors de grand poète qui pût leur tenir tête, leur système acquit beaucoup de sectateurs; la partie *prosaïque* du public, c'est-à-dire la plus nombreuse, s'empressa de l'adopter.

L'abbé Trublet, homme de quelque mérite en littérature, enrôlé sous les drapeaux de ces deux hommes célèbres, protégé par eux dans sa jeunesse, s'anima pour eux d'un zèle aussi ardent qu'aveugle, et se fit le don Quichotte de leurs opinions anti-poétiques.

Mais ce chevalier de la prose s'attira un terrible adversaire sur les bras. Voltaire n'entendait pas raillerie sur ce chapitre. En vengeant les droits de la poésie, il défendait son empire ; d'ailleurs il était l'ennemi né des systèmes absurdes et des esprits faux. Il tomba rudement sur Trublet, qui fut réduit à lui demander grâce avec d'autant plus d'empressement, qu'il était à craindre que l'influence de Voltaire ne l'empêchât d'entrer à l'Académie Française, où il s'efforçait de parvenir en conduisant sa barque avec beaucoup d'adresse. Pourtant, après vingt-cinq années d'attente et d'une patience à toute épreuve, louvoyant toujours avec sa médiocrité en poupe, et sa qualité d'abbé, à l'aide d'un rayon de crédit à la cour et d'un souffle de la faveur, il arriva au port sans encombre, fut nommé membre de l'Académie, et devint dès le moment, par reconnaissance, le protecteur le plus zélé du médiocre, et l'ennemi le plus implacable du génie et du savoir.

FIN.

NOTES DES TRADUCTEURS.

NOTE PREMIÈRE.

(Page 7 : Le succès de Verther a fait époque en Allemagne, etc.)

« Ce qui est sans égal et sans pareil, dit madame de Staël, c'est *Verther*. On voit là tout ce que le génie de Goëthe pouvait produire, quand il était passionné. L'on dit qu'il attache maintenant peu de prix à cet ouvrage de sa jeunesse; l'effervescence d'imagination, qui lui inspira presque de l'enthousiasme pour le suicide, doit lui paraître maintenant blâmable. Mais quand on est très jeune, le tombeau ne semble qu'une image poétique, qu'un sommeil environné de figures à genoux qui nous pleurent.... Goëthe néanmoins aurait grand tort de dédaigner l'admirable talent qui se manifeste dans *Verther*; ce ne sont pas seulement les souffrances de l'amour, mais les maladies de l'imagination, dans notre siècle, dont il a su faire le tableau. Il a joint à cette peinture des agitations de l'âme, si philosophique dans ses résultats, une fiction simple, mais d'un intérêt prodigieux. »

En cela, *Verther*, le plus bel ouvrage de ce genre qu'ait produit la littérature allemande, présente une analogie remarquable avec *la Nouvelle Héloïse*, qui tient le même rang parmi les romans français. Dans le chef-d'œuvre de Goëthe comme dans celui de Rousseau, l'action est aussi simple que les accessoires sont riches et les détails intéressants.

NOTE II.

(*Page 26: Faust, l'un des plus beaux titres de son auteur à une renommée durable, etc.*)

Pendant que l'impression de cet ouvrage s'achevait, la traduction complète de *Faust*, que nous annonçons dans la Notice, a paru. L'ouvrage allemand est tout entier en vers [*]. Dans la version française, la partie dramatique, les scènes dialoguées entre les principaux personnages, sont traduites en prose ; la partie lyrique, les hymnes, les romances, les chœurs d'esprits célestes et infernaux, de sorciers et de sorcières, sont traduits en vers français. Ces vers font regretter que tout ne soit pas en prose ; car ils sont pleins de solécismes, tandis que la prose est correcte, et même assez élégante.

Tel qu'il est, ce travail mérite des éloges ; il était très difficile à exécuter. C'est un service rendu à notre littérature, plus peut-être qu'à M. Goëthe ; les lecteurs avides de connaître dans son entier un poëme qui a tant de réputation, pourront satisfaire leur

[*] Hors une seule scène. Il n'y a aucune raison pour qu'elle soit en prose plutôt que les autres. L'unique motif qui paraît avoir déterminé l'auteur, c'est que si tout l'ouvrage était en vers, ce serait une régularité ; et il voulait, avant tout, n'observer aucune règle.

curiosité. Mais s'ils jugeaient de l'original d'après cette version, ce serait faire trop de tort à l'auteur, plus de tort même qu'on n'en ferait aux poètes anciens en les jugeant d'après nos traductions en prose. Quand on lit *l'Énéide* dans l'abbé Desfontaines, on s'ennuie sans doute, et beaucoup. Les couleurs poétiques du peintre de Didon ont totalement disparu ; mais on rend toujours justice à la belle ordonnance du tableau qu'on entrevoit dans cette faible estampe. Mais qu'une traduction enlève à *Faust* le mérite du style et l'éclat des beaux vers, assurément ce n'est pas le mérite d'une sage composition qui lui restera. Il est impossible d'en voir une plus étrange et plus désordonnée. L'auteur, loin de l'éviter, affecte cette débauche d'imagination. Il semble prendre plaisir à dérouter le lecteur sur tous les points. On ne sait de quel genre est son ouvrage. Est-ce un roman ? non ; car ce sont des scènes dialoguées. Est-ce un drame ? mais il n'y a ni liaison de scènes ni dénouement (en apparence). L'action est coupée (en apparence encore) par les incidents les plus décousus, les plus incohérents. Y a-t-il une intention, un but moral ? on n'en voit point d'abord.

Cette pièce paraît, au premier coup d'œil, l'entreprise la plus *révolutionnaire* que l'on ait tentée en littérature. Jamais le génie révolté contre le despotisme classique ne s'en est vengé par une insurrection plus éclatante, et par une anarchie plus complète. Il semble ne s'être prescrit qu'une seule règle ; c'est de les violer toutes. Et leur honte et son triomphe paraissent d'autant plus manifestes, qu'en les foulant aux pieds il s'empare des cœurs et des esprits; il n'ennuie pas un seul instant; il fait rire, pleurer, frémir; il inspire les émotions les plus variées et les plus vives; et par conséquent il compose un très bel ouvrage, puisque le résultat auquel il parvient est le véritable objet des règles et l'unique destination de tous les arts.

Briser le joug de ces règles et donner un beau poëme, tel a été le double but de M. Goëthe. Il a parfaitement atteint le premier. Le second est-il également rempli? nous ne le pensons pas; et soit que l'intention de l'auteur n'ait été qu'apparente, et qu'il ait voulu seulement montrer qu'il faut actuellement donner aux ouvrages de littérature des formes très neuves et très originales, si l'on veut faire des impressions fortes sur un public blasé; soit plutôt que le génie de M. Goëthe l'ait heureusement trompé, et, le conduisant lorsqu'il se croyait égaré, lui ait prêté, toujours à son insu, l'appui de ces règles dont il espérait s'être affranchi: ce poëme dialogué est, au fond, un ouvrage beaucoup plus régulier qu'il ne le paraît d'abord. C'est ce qu'une analyse rapide, mais raisonnée, fera voir aisément.

L'ouvrage est précédé de deux prologues, l'un sur la terre, l'autre dans le ciel. Les données du *prologue terrestre* n'offrent rien de bien nouveau; c'est une scène entre un directeur de spectacles, l'auteur, et un des comédiens, personnage bouffon. Le prologue de Faust ne diffère du grand nombre de scènes où de pareils interlocuteurs ont été mis en jeu, qu'en ce que l'auteur fait parler les siens en plus beaux vers, leur prête des caractères plus prononcés et mieux contrastés. Le poète, moins avide de succès que de gloire, s'abandonne à son enthousiasme, à ses nobles inspirations. Le directeur ne cherche que le succès, c'est-à-dire le gain, et ne s'inquiète que de plaire à la multitude, *parce qu'il n'y a qu'elle au monde pour vivre et pour faire vivre*. Le comédien leur donne, tout en plaisantant, les meilleurs conseils pour obtenir les objets des vœux de l'un et de l'autre, argent et gloire.

« Soyez beau tant que vous voudrez, dit-il au poète; mais surtout montrez-vous original. De l'imagination, de l'esprit, du sentiment, de la passion, de la raison; mais, prenez-y garde ! jamais sans un grain de folie ! »

Ici, l'auteur de *Faust* nous a mis dans son secret; et nous voyons, ce qui était bon à savoir, qu'il a fait une pièce un peu folle, de dessein prémédité.

Le second prologue est plus neuf. Les interlocuteurs sont Dieu, le chœur des anges, et un démon que le Seigneur daigne admettre en sa présence. L'auteur a prêté au souverain de la nature un langage majestueux, vraiment digne de lui; les chants des anges sont embellis par la plus riche poésie orientale, et contrastent avec le ton familier et moqueur du démon Méphistophelès. Cet esprit malin et très malin ne ressemble point aux diables sérieux du Tasse et de Milton. Le Satan du *Paradis perdu* est un conspirateur de tragédie; il a toujours dans son rôle de *chef de conjurés*, une sombre énergie mêlée d'emphase et de déclamation théâtrale. Méphistophelès, au contraire, voit de sang froid le genre humain et l'univers avec autant de mépris que de gaîté. Son langage est naturel et enjoué; c'est un diable qui a le ton de la meilleure compagnie, et qui est très bon plaisant; il se moque de tout; plus il voit les hommes misérables, plus il les tourne en ridicule. Comme les objets de ses railleries sont des infortunes et des crimes, il en résulte que souvent il rit, et ne fait point rire : ou si la vivacité de ses saillies arrache un mouvement de gaîté involontaire, l'objet qui l'excite est si douloureux et si funeste, que l'instant d'après il fait pleurer et frissonner. Et l'un des caractères les plus remarquables de ce singulier ouvrage, c'est qu'il fait éprouver alternativement les émotions les plus opposées.

Le *prologue dans le ciel* commence par un hymne où le chœur des anges célèbre les merveilles de la création. A cet hymne succède un morceau d'un ton bien différent. Méphistophelès, admis devant le Seigneur, vient lui donner des nouvelles *de ce plat univers*, qu'il peint sous l'aspect à la fois le plus comique et le plus hideux. La présence du maître de la nature ne le rend pas plus sérieux ni plus retenu.

Il s'en excuse gaîment : « Pardon, dit-il, Seigneur, mais je ne saurais prendre sur moi de débiter de grands mots ; d'ailleurs mon galimatias pompeux te ferait rire ; si malheureusement tu n'avais pas perdu l'habitude de rire. » Il représente l'homme sous les traits les plus repoussants et les plus dignes de mépris.

Le Seigneur, pour prouver que l'homme n'est pas un être si abject, n'a besoin que de rappeler le nom d'un seul, celui du docteur Faust, dont le vaste génie a percé les profondeurs de toutes les sciences, et qui n'est pas moins distingué par sa piété et sa vertu.

Méphistophelès ne craint pas d'avancer que s'il entreprenait de séduire le docteur Faust, il ferait bien voir à quoi se réduit cette science si sublime et cette vertu tant vantée. Il ajoute follement : « Si vous gagez celui-là, vous le perdrez encore. »

Le Seigneur, pour éprouver Faust, permet au démon de le tenter. Et celui-ci, ravi de la permission qu'il vient d'obtenir, chante déjà victoire. Il sait d'avance quels piéges il doit tendre, quelle trame il doit ourdir, pour prendre Faust dans ses filets. Il s'écrie dans sa joie : « Je fais, ma foi, très bien de faire ma cour de temps en temps à notre ancien maître. Mes confrères seraient jaloux des grâces qu'il m'accorde ; c'est vraiment fort beau à un grand seigneur de parler lui-même au diable avec tant de bonhomie. »

Ici finit le prologue ; et la curiosité, comme on

le voit, est déjà excitée quand le drame commence.

Il s'ouvre par un monologue où le docteur Faust, malheureux à force de savoir et de génie, développe le caractère remarquable que l'auteur lui a donné. Avide de jouir et de connaître, mais doué d'un esprit trop pénétrant et trop rapide, il est lui-même sa victime : après avoir épuisé toutes les jouissances et parcouru toutes les connaissances humaines, il arrive promptement au dégoût et à la satiété *de tout*. « J'ai donc tout appris, dit-il, philosophie, jurisprudence, médecine; et toi aussi, malheureuse théologie! j'ai tout appris; il n'est pas sur la terre un seul homme qui en sache autant que moi; mais aussi le plaisir et la joie m'ont fui sans retour! » Environné de ses livres, de ses instruments d'astronomie, les trésors intellectuels qui ont enrichi son esprit ne servent qu'à lui faire mieux sentir la pauvreté, la misère de son être faible et périssable. Plus il embrasse l'immensité, plus il est accablé de son néant. En se livrant à ces réflexions, elles deviennent de plus en plus noires et sinistres; et la satiété et l'ennui se tournent enfin en un dégoût insupportable de l'existence. Parmi ces fioles qui l'entourent, il en choisit une qui renferme un mortel breuvage, et prêt à y chercher le remède de tous ses maux, il adresse ses adieux à l'univers, qui n'a plus pour lui ni secrets, ni merveilles, ses actions de grâces au poison qui va le délivrer d'une vie désormais sans mystères et sans plaisirs.

Il est interrompu avant d'avoir accompli son funeste dessein. Vagner, son disciple, entre dans sa chambre. Celui-ci est aussi gai et aussi vulgaire que son maître Faust est sublime et mélancolique. L'un s'amuse comme l'autre s'ennuie de tout : « Que déclamez-vous là? dit-il à Faust; quelque tragédie grecque? J'aurais bien envie de me pousser dans cet art-là. J'ai souvent ouï dire qu'un comédien pouvait en remontrer à un prêtre. » — « Oui, répond Faust, quand le prêtre est un comédien, comme il arrive souvent dans notre siècle. » Vagner, pour le dissiper, l'emmène avec lui à la promenade. Mais si le tumulte de la ville, les beautés de la campagne, les fêtes joyeuses du village, causent quelque distraction au trop savant docteur, elles sont de peu de durée; rentré chez lui, et resté seul, il se retrouve avec sa science et son dégoût de vivre. C'est alors que Méphistophélès lui apparaît sous diverses formes, l'amuse par ses saillies, et lui révèle enfin sa nature diabolique. Faust ne lui cache pas non plus le sombre ennui qui le dévore, et lui rend l'existence à charge et en horreur. Le démon lui offre de le guérir de sa mélancolie, de remplir sa vie par une suite de plaisirs et de sensations délicieuses, de l'enivrer de voluptés toujours nouvelles, pourvu toutefois que Faust veuille faire un pacte avec lui.

Le marché est accepté, et le démon ayant contracté avec Faust le même engagement que prend un auteur avec le public, c'est-à-dire, celui d'amuser toujours, songe à tenir parole. Il ne s'agit pas d'étendre ses connaissances. Faust a trop prouvé que l'étude tue le plaisir; il faut au contraire l'arracher à son cabinet, à sa bibliothèque, le replonger dans le monde et dans les dissipations les plus désordonnées. Méphistophelès le mène parmi des jeunes gens qui rient, jouent, chantent et boivent au cabaret. Mais si les nobles plaisirs que donnent les sciences n'ont pu suffire à un esprit supérieur, les joies grossières des ignorants sont encore moins faites pour l'arrêter. Il en est rebuté bientôt. Méphistophelès déploie alors les ressources et l'appareil de son infernale puissance; il entoure Faust de tous les prestiges de la magie noire, le conduit au sabbat des sorciers, lui fait passer en revue tous les êtres merveilleux, consacrés par les traditions cabalistiques. Nécromans, démons, fantômes, lutins, feux-follets, étoiles tombantes, animaux monstrueux, loups-garoux, chats-singes, etc. rien n'y manque.

Les prestiges de la sorcellerie ne captivent pas plus l'esprit de Faust que les merveilles de la nature. Nous passons rapidement sur cette partie de l'ouvrage. Les lecteurs français seraient, comme Faust, bientôt las de cette fantasmagorie infernale.

Méphistophelès emploie enfin le charme auquel tous les hommes, les plus savants comme les plus puissants, ne résistent point, celui des passions. Faust boit un philtre qui fait couler dans ses veines tous les feux de l'amour : dès lors, les plaisirs, les tourments, les crimes, les infortunes causés par les passions violentes, seront son partage; il sera coupable, malheureux, désespéré, mais jamais ennuyé : le démon est sûr de sa conquête.

Faust devient épris d'une jeune fille du peuple, nommée Marguerite, qui vit dans la pauvreté avec sa vieille mère.

Méphistophelès aide à Faust à la séduire, et lui procure plusieurs entrevues avec elle chez sa voisine Marthe. Que peut opposer l'infortunée à de tels ennemis? C'est ici la partie la plus attachante du drame. Tout intéresse dans Marguerite, sa simplicité, sa candeur, la séduction dont elle est victime et contre laquelle rien ne peut la garantir, son instinct d'aversion pour Méphistophelès, sa tendresse pour Faust si naïvement exprimée. Faust intéresse aussi par la sincérité de la passion qu'il ressent pour elle. On partage la joie vive qu'il ressent lorsque l'amour lui donne enfin ce bonheur que le génie et la science ne lui avaient point accordé, et qu'il n'avait trouvé ni en pénétrant les secrets du ciel, ni en s'entourant des prestiges de l'enfer.

Cependant (et c'est ici que paraît surtout le talent de l'auteur pour soutenir d'un bout à l'autre les caractères qu'il trace) Faust, heureux d'aimer, d'être aimé, secondé dans ses désirs par un être surnaturel qui lui aplanit tous les obstacles et lui soumet la nature; Faust éprouve des moments de langueur et de satiété, et se lasse de l'amour de Marguerite comme de toutes les jouissances de la vie : « Esprit sublime ! s'écrie-t-il, tu m'as accordé tout ce que je t'ai demandé. Tu n'as pas en vain tourné vers moi ton visage entouré de flammes. Tu m'as donné la magnifique nature pour empire, et en même temps la force de la sentir et d'en jouir. Et ce n'est pas seulement une froide admiration que tu m'as permise, mais une intime connaissance. Tu m'as fait pénétrer dans le sein de l'univers, comme dans celui d'un ami.... Je t'ai dû encore de plus ravissants délices; tu as allumé dans mon cœur ce feu qui m'attire vers la beauté.... Hélas ! c'est maintenant que je sens que l'homme ne peut atteindre à rien de parfait.... Je passe avec ivresse du désir à la jouissance, et au sein de la jouissance, je regrette le désir. »

Tandis que Faust soutient ainsi son caractère, Méphistophelès ne dément pas le sien. Les délices dont il a enivré les deux amants n'étaient que le prélude des tourments affreux qu'il leur préparait : le moment est venu où il va les conduire à leur perte, de malheur en malheur, et de crime en crime. Marguerite, que son amant presse de le recevoir la nuit, craint d'être surprise par sa mère, et donne à cette pauvre femme, d'après le conseil de Méphistophelès, une potion assoupissante qu'elle ne peut supporter, et qui la fait mourir. La coupable Marguerite devient grosse; sa honte est publique; tout le quartier qu'elle habite la montre au doigt. Son frère Valentin revient de l'armée pour la voir : quand il apprend par la voix publique son déshonneur, il ne respire que la vengeance ; il rencontre Faust, le provoque en duel, se bat avec lui, et reçoit une blessure mortelle. Marguerite n'arrive que pour recevoir les sanglants reproches de son frère, qui la maudit avant d'expirer.

L'horreur de sa situation et les prestiges de Méphistophelès achèvent d'égarer la raison de Marguerite. Elle met au jour le fruit d'un amour criminel, et pour dérober sa honte, lui donne la mort. Tout se découvre; elle est conduite en prison, et condamnée à périr sur l'échafaud.

Faust, poursuivi comme meurtrier du frère de Marguerite, a été contraint de prendre la fuite. On sent que tout est conduit par Méphistophelès, et que, soit qu'il accorde à son protégé des secours surnaturels, soit qu'il le laisse plongé dans tous les embarras de la condition humaine, il va toujours à son but.

Faust oublie son propre péril pour ne songer qu'à celui de Marguerite. Lorsqu'il apprend qu'elle doit être le lendemain conduite à l'échafaud, il se livre au désespoir. Il accable de reproches Méphistophelès, qui les reçoit avec le sang-froid le plus insultant et l'ironie la plus amère. Faust se jette à ses genoux, et lui demande pour unique grâce d'employer son pouvoir surnaturel à tirer Marguerite de prison, et à sauver ses jours : à la fin Méphistophelès y consent. Il promet d'endormir le geôlier, de remettre à Faust les clefs de la prison, d'emmener lui et Marguerite :

et l'on frémit de ses promesses, parce qu'on sent bien que ce n'est pas la pitié qui le détermine, mais l'envie de gagner à l'enfer une proie de plus, l'infortunée Marguerite.

Faust pénètre dans la prison; Marguerite égarée ne le reconnaît pas. « Dieu! dit-elle, ils viennent déjà! Affreuse mort!

FAUST, *bas.*

Paix! paix! je viens te délivrer.

MARGUERITE.

Si tu es homme, sois touché de mon malheur!

FAUST.

Plus bas! plus bas! tes cris vont éveiller tes gardes.

(Il saisit ses chaînes pour les détacher.)

MARGUERITE.

Barbare, qui t'a donné ce pouvoir sur moi? Il n'est que minuit. Pourquoi viens-tu déjà me chercher? demain matin, n'est-ce pas assez tôt? Je suis encore si jeune, et déjà je vais mourir! j'étais belle aussi. Hélas! c'est ce qui m'a perdue! Mon ami était alors auprès de moi: il est bien loin à présent! (Faust veut détacher ses fers.) Ne me saisis pas ainsi: épargne-moi: que t'ai-je fait? jamais, jusqu'à ce jour, je ne t'ai vu.

FAUST.

Comment supporter sa douleur!

MARGUERITE.

Je suis absolument en ta puissance: laisse-moi

seulement allaiter mon enfant. Je l'ai serré contre mon cœur toute la nuit. Ils me l'ont pris, et disent maintenant que je l'ai tué....

FAUST, se jetant à ses pieds.

Ton amant est à tes genoux : il vient briser tes chaînes.

MARGUERITE.

Oui, mettons-nous à genoux pour implorer les saints. Qu'ils viennent à notre secours! Entends-tu les cris de l'enfer? vois-tu sur le seuil du cachot les démons qui nous attendent?

FAUST, à haute voix.

Marguerite! Marguerite!

MARGUERITE, attentive.

C'était la voix de mon ami. (Il détache ses chaînes.) Où est-il? Je l'ai entendu appeler.... Il est près d'ici, je pourrai donc encore m'appuyer sur son sein? Il a appelé Marguerite. Au milieu des hurlements de l'impitoyable mort, j'ai entendu sa voix, sa douce voix!

FAUST.

Oui, Marguerite, c'est bien moi!

MARGUERITE.

C'est toi! oh, dis-le encore une fois. (Elle s'approche de Faust.) C'est lui! c'est lui! Où est la douleur, l'angoisse des fers, du cachot? Oui, puisque tu reviens vers moi, je suis sauvée.... Je revois le chemin où je t'aperçus pour la première fois, le jardin où Marthe et moi nous t'attendions....

FAUST, *s'efforçant de l'entraîner.*

Viens avec moi, viens.

MARGUERITE.

Oh! reste ici avec moi. J'aime tant à être où tu es!

(*Elle veut l'embrasser.*)

FAUST.

Hâte-toi de me suivre. Nous payerons cher le moindre retard.

MARGUERITE.

Quoi! tu te détournes de moi! Il y a si peu de temps que nous nous sommes quittés, et tu as déjà désappris à me serrer contre ton cœur! (*Elle l'embrasse.*) Ciel! tes lèvres sont froides, elles sont muettes! Qu'as-tu fait de ton amour? qui me l'a ravi?

FAUST.

Je t'aime toujours, je t'aime avec transport. Mais suis moi! c'est ma seule prière.

MARGUERITE.

Es-tu bien Faust? es-tu bien toi?

FAUST.

Oui, sans doute, oui, viens.

MARGUERITE.

Tu m'ôtes mes chaînes, tu me reprends dans tes bras, tu n'as pas horreur de moi! Hélas! sais-tu qui tu délivres?

FAUST.

Viens! déjà la nuit est moins sombre.

MARGUERITE.

Ma mère, je l'ai tuée! Mon enfant, je l'ai noyé! N'appartenait-il pas à toi comme à moi? oui, à toi.... C'est donc toi que je revois? est-il bien vrai? n'est-ce point un songe? donne-moi ta main, ta main chérie. Dieu! elle est humide. Essuie-la. Il y a du sang. Cache-moi ton épée. Où est mon frère? cache-la-moi, je t'en prie!

FAUST.

Laisse là le passé, l'irréparable passé! tu me fais mourir.

MARGUERITE.

Non, il faut que tu survives, toi. Qui aurait soin de mon tombeau? Je vais te décrire les trois tombeaux que tu éleveras dès demain. Donne la meilleure place à ma mère. Mon frère doit être près d'elle. Moi, un peu plus loin, mais pas trop loin ; mon enfant à droite sur mon sein ; du reste, personne à mes côtés. Hélas! reposer à tes côtés eût été pour moi un trop grand bonheur! je n'y dois plus prétendre!

FAUST.

Si tu me reconnais, viens donc.

MARGUERITE.

Là dehors?

FAUST.

A la liberté!

MARGUERITE.

Dehors, c'est le tombeau : la mort épie mes pas....

Faust, tu veux partir? Oh! si je pouvais t'accompagner!

FAUST.

Tu le peux; tu n'as qu'à le vouloir; les portes sont ouvertes.

MARGUERITE.

Je n'ose pas sortir : qu'ai-je à espérer? mendier, c'est si misérable, et encore avec une mauvaise conscience! d'ailleurs, partout ils me saisiront.

FAUST.

Je resterai près de toi.

MARGUERITE.

Vite, vite, sauve ton pauvre enfant! Pars, suis le chemin, le long du ruisseau; traverse le sentier, au fond du bois; près de l'écluse, dans l'étang. Prends-le tout de suite par la main, il se débat encore.... Sauve-le! sauve-le!

FAUST.

Marguerite! suis-moi donc; un seul pas, et tu es libre.

MARGUERITE.

Si nous avions seulement passé la montagne!.... L'air est si froid près de la fontaine! Là, ma mère est assise sur un rocher, et branle la tête. Elle ne me fait point de signe; elle ne m'appelle pas; ses yeux sont appesantis; elle ne veille plus. Autrefois nous nous réjouissions quand elle dormait..... Ah! quel souvenir!

FAUST, cherchant à l'emmener.

Puisque les prières, les pleurs ne peuvent rien sur toi, je saurai t'entraîner....

MARGUERITE.

Non, non, je ne souffrirai point la violence; ne porte point sur moi ta main meurtrière. Hélas! je n'ai que trop fait ce que tu as voulu!

FAUST, regardant aux grilles du cachot.

Le jour paraît, chère amie, chère amie!

MARGUERITE.

Le jour? Oui, il fait jour; mon dernier jour pénètre ici.... La foule se presse. Ne l'entendez-vous pas? La place, les rues ne peuvent la contenir : la cloche sonne, le signal est donné. Ils vont lier mes mains, bander mes yeux, et je monterai sur l'échafaud : le tranchant du fer tombera sur ma tête.... Ah! le monde est déjà muet comme le tombeau!

FAUST, avec désespoir.

Ciel! pourquoi suis-je né!

MÉPHISTOPHÉLÈS, paraissant à la porte.

Hâtez-vous, ou vous êtes perdus.... Vos délais, vos incertitudes sont funestes. Déjà l'aube blanchit l'horizon.

MARGUERITE.

Qui s'élève ainsi de la terre? C'est lui! c'est lui! chassez-le! c'est moi qu'il veut enlever!

FAUST, à Marguerite.

Il faut que tu vives.

MARGUERITE.

Justice de Dieu, je m'abandonne à toi!

MÉPHISTOPHÉLÈS, à Faust.

Viens, viens, ou je te livre à la mort avec elle.

MARGUERITE.

Je suis à toi, père céleste; et vous, anges, troupes sacrées, sauvez-moi, protégez-moi!.... Faust, c'est ton sort qui m'afflige!

MÉPHISTOPHÉLÈS.

Elle est jugée!

VOIX D'EN HAUT.

Elle est sauvée!

MÉPHISTOPHÉLÈS, à Faust.

Ici, à moi!

(Il disparaît avec Faust.)

(On entend encore du fond du cachot la voix de Marguerite, appelant inutilement son ami.)

Faust! Faust!

Ici finit le drame; et quoique d'après la règle d'être irrégulier en tout, que l'auteur paraît s'être prescrite, il semble qu'il n'y ait pas de dénoûment, il est facile de le deviner, et d'achever l'ouvrage dans sa pensée. On voit que l'instinct de ses remords a bien inspiré Marguerite, lorsqu'elle a refusé le funeste secours de l'enfer. Elle meurt, mais Dieu lui pardonne : Faust, au contraire, ne périt point à la fin de l'action. Il est sauvé dans ce monde, et perdu dans l'autre.

Le plaisir de nous étendre sur une production

aussi remarquable, nous a entraînés trop loin. Nous avions entrepris cette analyse dans le but de prouver que ce poëme est au fond plus régulier qu'il ne le paraît. On y retrouve en effet la plus indispensable des unités, celle d'action et d'intérêt. Le projet que forme Méphistophelès de séduire Faust, est annoncé dès le commencement, et l'exécution de son plan remplit tout l'ouvrage. L'action est même simple, et roule tout entière sur trois personnages principaux, Méphistophelès, Faust et Marguerite ; l'unité de caractère est encore très bien observée. Il est impossible d'en voir de plus parfaitement soutenus. Le drame ou roman dialogué de Faust n'est donc pas une composition monstrueuse où toutes les règles sont violées ; c'est plutôt une composition dont la régularité réelle est cachée sous des formes neuves et originales.

On commence à rendre justice parmi nous à cet ouvrage extraordinaire ; mais jamais on ne le goûtera beaucoup : le genre est trop loin de nos idées ; et même en Allemagne le succès n'a pas été dû au genre, mais au talent. Il est facile de remplir des ouvrages de théâtre de magiciens et de démons, de sabbats de sorciers, d'apparitions de fantômes, etc.; mais ce qu'on ne trouve que dans l'ouvrage de M. Goëthe, c'est le génie, le plus grand des enchanteurs.*

* Le drame de *Faust* a quelques rapports avec le roman du *Moine*, de M. Lewis. Le docteur Faust est, comme Ambrosio,

un homme illustré par de grands talents, qu'un démon entreprend de conquérir à l'enfer. Ambrosio donne prise sur lui par l'orgueil; Faust, par l'ennui et la satiété de tout.

Plusieurs scènes de *Faust* rappellent aussi *le Diable boiteux*, de Lesage; et c'est là que l'on voit combien l'opinion de son siècle et de son pays influe sur un homme à talents. Lesage, d'après la manière de voir des Français, ne présente sa fiction *démoniaque* que comme une idée comique dont il est le premier à rire, et qui lui sert de prétexte pour encadrer des tableaux satiriques et des leçons morales : Goëthe, au contraire, ayant affaire à des lecteurs qui ne demandent pas mieux que d'y croire, présente cette histoire merveilleuse sous l'aspect le plus sérieux et le plus imposant.

NOTE III.

(*Page 28 : Chacun de ces petits ouvrages est ordinairement le récit d'une action ou gaie, ou pathétique, ou effrayante, etc.*)

Parmi les poésies fugitives dont nous parlons, il en est de très célèbres dans ce genre *effrayant*, que l'on ne cultive guère en France ; ce sont des contes et des romances *à faire peur*, des histoires de spectres et de fantômes. M. Goëthe a excellé en ce genre, que les Allemands affectionnent beaucoup. Après avoir produit dans *Faust* de grands effets dramatiques à l'aide de ces superstitions populaires, il n'a pas moins habilement manié ce ressort dans des récits moins étendus. Nous allons citer celle de ses poésies de revenants qui a le plus de réputation dans sa patrie, *la Fiancée de Corinthe*.

« Deux amis, l'un d'Athènes et l'autre de Corinthe, ont résolu d'unir leur fils et leur fille. Le jeune homme part pour aller voir à Corinthe celle qui lui est promise, et qu'il ne connaît point encore : c'était au moment où le christianisme commençait à s'établir. La famille de l'Athénien a gardé son ancienne religion ; celle du Corinthien adopte la croyance nouvelle ; et la mère, pendant une longue maladie, a consacré sa fille aux autels. La sœur cadette est destinée à remplacer sa sœur aînée qu'on a faite religieuse.

« Le jeune homme arrive tard dans la maison ; toute la famille est endormie ; les valets apportent à souper dans son appartement, et l'y laissent seul : peu de temps après, un hôte singulier entre chez lui ; il voit s'avancer jusqu'au milieu de la chambre une jeune fille revêtue d'un voile et d'un habit blanc, le front ceint d'un ruban noir et or ; et quand elle aperçoit le jeune homme, elle recule intimidée, et s'écrie en élevant au ciel ses blanches mains : Hélas ! suis-je donc devenue déjà si étrangère à la maison, dans l'étroite cellule où je suis renfermée, que j'ignore l'arrivée d'un nouvel hôte ?

« Elle veut s'enfuir, le jeune homme la retient ; il apprend que c'est elle qui lui était destinée pour épouse. Leurs pères avaient juré de les unir ; tout autre serment lui paraît nul. « Reste, mon enfant, lui dit-il, reste, et ne sois pas si pâle d'effroi ; partage avec moi les dons de Cérès et de Bacchus ; tu amènes l'amour, et bientôt nous éprouverons combien nos dieux sont favorables au plaisir. » Le jeune homme conjure la jeune fille de se donner à lui.

« Je n'appartiens plus à la joie, lui répond-elle ; le dernier pas est accompli ; la troupe brillante de vos dieux a disparu, et dans cette maison silencieuse on n'adore plus qu'un être invisible dans le ciel, qu'un Dieu mourant sur la croix. On ne sacrifie plus des taureaux ni des brebis ; mais on m'a choisie pour victime humaine ; ma jeunesse et la nature furent immolées aux autels : éloigne-toi, jeune homme, éloigne-toi ; blanche comme la neige, et glacée comme elle, est la maîtresse infortunée que ton cœur s'est choisie. »

« A l'heure de minuit, qu'on appelle l'heure des spectres, la jeune fille semble plus à l'aise ; elle boit avidement d'un vin couleur de sang, semblable à celui que prennent les ombres dans *l'Odyssée* pour se retracer leurs souvenirs ; mais elle refuse obstinément le moindre morceau de pain : elle donne une chaîne d'or à celui dont elle devait être l'épouse, et lui demande une boucle de ses cheveux. Le jeune homme, que ravit la beauté de la jeune fille, la serre dans ses bras avec transport ; mais il ne sent point de cœur battre dans son sein ; ses membres sont glacés. « N'importe, s'écrie-t-il, je saurai te ranimer, quand le tombeau même t'aurait envoyée vers moi. »

« Cependant la mère arrive, et, convaincue qu'une de ses esclaves s'est introduite chez l'étranger, elle veut se livrer à son juste courroux ; mais tout à coup la jeune fille grandit jusqu'à la voûte comme une ombre, et reproche à sa mère d'avoir causé sa mort en lui faisant prendre le voile. « O ma mère, ma mère ! s'écrie-t-elle d'une voix sombre, pourquoi troublez-vous cette belle nuit de l'hymen ? N'était-ce pas assez que, si jeune, vous m'eussiez fait couvrir d'un linceul, et porter dans le tombeau ? une malédiction funeste m'a poussée hors de ma froide demeure ; les chants murmurés par vos prêtres n'ont pas soulagé mon cœur ; le sel et l'eau n'ont point apaisé ma jeunesse. Ah ! la terre elle-même ne refroidit point l'amour.

« Ce jeune homme me fut promis quand le temple serein de Vénus n'était point encore renversé. Ma mère, deviez-vous manquer à votre parole pour obéir à des vœux insensés ? Aucun dieu n'a reçu vos serments quand vous avez juré de refuser l'hymen à votre fille. Et toi, beau jeune homme, maintenant tu ne peux plus vivre ; tu languiras dans ces mêmes lieux où tu as reçu ma chaîne, où j'ai pris une boucle de ta chevelure : demain tes cheveux blanchiront, et tu ne retrouveras ta jeunesse que dans l'empire des ombres.

« Écoute au moins, ma mère, la prière dernière que je t'adresse : ordonne qu'un bûcher soit préparé ; fais ouvrir le cercueil étroit qui me renferme ; conduis les amants au repos à travers les flammes ; et quand l'étincelle brillera, et quand les cendres seront brûlantes, nous nous hâterons d'aller ensemble rejoindre nos anciens dieux. »

———

Quand on lit ce morceau dans l'original, il est impossible de ne pas admirer l'art avec lequel chaque mot produit une terreur croissante ; chaque mot indique, sans l'expliquer, l'horrible merveilleux de cette situation. Une histoire, dont rien ne peut donner l'idée, est peinte avec des détails frappants et naturels, comme s'il s'agissait de quelque chose qui fût arrivé; et la curiosité est constamment excitée sans qu'on voulût sacrifier une seule circonstance pour qu'elle fût plus tôt satisfaite. »

La seule intention morale que l'on puisse supposer à cette fiction extraordinaire, c'est la satire des vœux monastiques; et si les ouvrages français composés dans le même but, *la Religieuse*, de Diderot, la *Mélanie*, de Laharpe, offrent un aussi vif intérêt, ils ne frappent pas autant l'imagination.

Ce qui donne un caractère si saisissant à ce récit, cette alliance de l'amour avec la tombe, cette union d'un être vivant avec une ombre, se retrouve aussi dans la célèbre romance de Bürger, intitulée *Lénore*; et en général les auteurs allemands ont beaucoup cherché à exciter la terreur par des récits d'apparitions nocturnes, de spectres qui reviennent à certains jours fixes de l'année ou du mois, etc. Ils traitent sérieusement, ils enregistrent en beaux vers tous les contes sinistres dont les enfants sont bercés par leurs nourrices.

Un critique français a dit que c'étaient là *des poésies à faire enfuir*, et non *des poésies fugitives*. Jamais ce genre ne prendra parmi nous : en France on est trop moqueur et trop raisonneur. Ce n'est pas que les fantômes et les lutins n'aient trouvé dans notre littérature des protecteurs illustres; mais jusqu'à présent ils n'ont point réussi à réhabiliter ces vieilles puissances détrônées par le ridicule. L'auteur éloquent, à qui nous avons emprunté la traduction du précédent morceau, s'y est pris avec assez d'adresse, en cherchant à intéresser notre amour-propre national à la cause perdue des revenants et des sorciers. Pour relever leur dignité et leur rendre quelque consistance dans l'opinion, madame de Staël remonte à des considérations plus importantes. Elle établit entre la littérature classique et la littérature romantique une distinction spécieuse, mais peu solide *. D'après sa définition, ce qui caractérise la poésie classique, c'est qu'elle est l'héritage de l'antiquité grecque et romaine, et que son merveilleux est puisé dans les traditions mythologiques : la poésie romantique, au contraire, fonde son merveilleux sur la féerie, la chevalerie, la sorcellerie et les croyances du moyen âge. Madame de Staël n'a pas de peine à démontrer que les nations modernes

* On a observé, avec raison, que cette manière de poser la question est absolument fausse. Ce qui constitue réellement la différence des deux genres, c'est l'assujettissement ou l'indépendance du génie, qui, dans l'un, se soumet à des règles étroites, et, dans l'autre, refuse de s'y asservir.

Sans doute leur différent caractère tient à leur différente origine. Les Grecs, pères des arts, en ont fixé les lois, et nous les ont transmis dans un état d'ordre et de régularité; tandis que la littérature germanique a gardé sa liberté sauvage. Mais la distinction importante est celle qui a pour objet la nature des deux genres, plutôt que leur patrie. *Être ou n'être pas astreint à des règles sévères, c'est là la question.*

n'ayant ni la religion ni les institutions des peuples anciens, la poésie de ces derniers n'est pour nous que l'objet d'une imitation factice; que les beautés imitées sont toujours inférieures aux beautés naturelles; que l'arbre mythologique transplanté parmi nous, n'a plus la sève, l'éclat, les couleurs qu'il recevait de sa terre natale; que toutes nos tragédies fondées sur la fable grecque pâlissent devant un chant de *l'Iliade*, comme tous les orangers nains de nos serres chaudes disparaîtraient auprès d'un arbre du jardin des Hespérides, élevant jusqu'aux nues ses rameaux chargés de fleurs et de pommes d'or.

Madame de Staël a encore parfaitement raison, lorsqu'elle accuse la stérilité pédantesque d'un certain nombre d'auteurs français, leur patience infatigable à nous fatiguer des traits les plus rebattus de la fable grecque, à traiter encore le sujet d'*Électre* ou d'*Oreste* déjà traité deux ou trois cents fois, enfin à porter la répétition fastidieuse des mêmes idées au dernier degré de dégoût et de satiété.

Mais où madame de Staël paraît se tromper étrangement, c'est lorsqu'elle prétend que la féerie et la sorcellerie sont indigènes parmi nous, et lorsqu'elle invite nos auteurs à puiser dans les croyances superstitieuses du moyen âge les sujets de leurs compositions, afin de répandre sur leurs tableaux des couleurs *nationales*. Comment n'a-t-elle pas vu que des poëmes de sorciers où nous chercherions à rivaliser avec les Allemands, seraient une imitation tout aussi factice que des tragédies d'oracles calquées sur celles des Grecs?

Au fond, les Français n'ont point de merveilleux indigène. Cet amour du vrai, cet instinct de raison, que nous avons signalés comme les caractères distinctifs de leur esprit*, les portent naturellement à repousser le merveilleux, c'est-à-dire l'absurde, de quelque source qu'il vienne, sous quelque forme qu'il se présente. Les récits de sortiléges et d'apparitions qu'on écoute encore dans quelques villes d'Allemagne en gardant son sérieux et même en frémissant, ne sont pour nous que des sujets de raillerie. Avouer qu'on aurait quelque penchant à y croire, ce serait s'accuser de stupidité. Aussi ces fictions décriées sont-elles bannies de toutes les compositions d'un genre élevé. Même en plaisantant on en fait peu d'usage. Elles sont tombées dans un mépris si profond, qu'on ne les trouve pas même assez sérieuses pour servir de texte à des bouffonneries.

On peut donc affirmer que si la France n'est point la patrie des dieux de la fable, elle ne veut pas être davantage le berceau des fées et des loups-garoux; et que la sorcellerie a aussi peu de racines dans notre sol natal que la mythologie.

Il y a plus : les traditions de l'antiquité sont moins étrangères pour nous, moins hors du cercle de nos idées habituelles, que les croyances gothiques des temps de chevalerie. On n'a pas plus de foi à l'un

* Voyez ce que nous avons dit à ce sujet, page 49.

qu'à l'autre, mais du moins on connaît mieux Jupiter que l'enchanteur Merlin. Notre système d'instruction publique est fondé sur l'étude des langues anciennes ; on environne notre enfance des souvenirs de la Grèce et de Rome ; les noms des dieux et des héros de ces pays célèbres sont les premiers qui frappent nos oreilles. Ils nous sont transmis, si ce n'est dès le berceau par des nourrices, du moins dès le collége par des professeurs. En sorte que si les traditions des anciens ne sont point nationales pour nous, elles sont nationalisées par l'éducation. C'est ce qui explique pourquoi les imitations de leurs ouvrages sont si nombreuses dans notre littérature, et pourquoi nos auteurs ont traité de préférence des sujets avec lesquels tous les hommes instruits étaient familiarisés.

Quoi ! dira-t-on, toujours de l'imitation, des beautés factices, toujours un merveilleux étranger, jamais de poésie nationale ! Mais est-il donc bien démontré que ce soit le merveilleux qui constitue exclusivement la poésie, qu'il n'y ait point dans les arts de beautés sans chimère, et que l'erreur soit inséparable du plaisir ? Cette opinion est si peu conforme à la vérité, que dans les compositions fondées sur une thaumaturgie quelconque, on est forcé, pour rendre agréables, et même pour faire concevoir les idées surnaturelles, de les revêtir d'images sensibles, c'est-à-dire représentatives de réalités. Si la poésie consiste, comme nous le pensons, non dans le *merveil-*

leux, mais dans les *images*, un peuple qui, par le caractère de son esprit, n'a d'attrait que pour les réalités, peut prétendre encore aux couronnes poétiques. Qu'on examine les écrits des grands hommes dont s'honore notre littérature, on verra que dans leurs ouvrages les beautés vraiment *françaises* sont toujours puisées ou dans ces touchantes réalités du cœur, les sentiments et les passions, ou dans ces nobles réalités de l'esprit, les grandes idées de politique, de morale ou de philosophie; en un mot dans la peinture fidèle de ce qui nous environne, ou de ce que nous éprouvons en nous-mêmes.

Lorsque pour varier nos plaisirs la muse française quitte ce terrain des réalités qui est son champ de gloire, pour faire quelque excursion dans le domaine des fictions et des chimères, elle choisit indifféremment entre les divers systèmes de merveilleux des autres peuples, et ne les emploie que comme moyens poétiques, cherchant à obtenir des effets des différents *merveilleux*, comme on tire des accords de divers instruments, sans que les croyances de l'antiquité ou du moyen âge aient plus de valeur pour nous que les sons d'une flûte ou d'une harpe.

Ainsi placé sur un terrain neutre entre les genres classique et romantique, l'esprit français a été tour à tour sollicité par l'un et l'autre d'entrer dans leur alliance. Celle qu'il a contractée avec la littérature classique a été la plus étroite et la plus durable. Nous en avons expliqué la raison : le système d'éducation établi parmi nous, y a puissamment contribué. Depuis peu le genre romantique semble faire en sa faveur pencher la balance. Ses formes pittoresques dans leur bizarrerie ont ouvert une source d'impressions nouvelles. Les dieux de la fable étaient usés, on a eu recours aux sorciers et aux vampires. Quand on sera las des vampires, ou que le talent, ce tout-puissant magicien, rajeunira l'Olympe, il se rouvrira plus brillant que jamais, et nous admirerons ses merveilles sans adorer ses dieux, de même que, sans croire aux sorciers, nous applaudirions avec transport à une imitation du *Faust* de M. Goëthe, pourvu que les prodiges de la thaumaturgie cabalistique fussent retracés en aussi beaux vers que les siens.

Mais lorsque notre littérature produira quelque ouvrage digne d'admiration, et marqué du caractère qui lui est propre, ses beautés seront puisées, non dans les fictions, mais dans les réalités. La muse française, que le vrai seul inspire, n'en marche pas moins l'égale de ses sœurs, et n'a point à se plaindre de son partage.

NOTE IV.

(Page 32 : Dans la Vie de Benvenuto Cellini, M. Goëthe a su approfondir la théorie des arts d'imitation, etc.)

Ces *Mémoires de la Vie de Cellini*, composés par lui-même en italien, méritaient la distinction que M. Goëthe leur a accordée en les traduisant dans sa langue, et en les enrichissant de notes curieuses et étendues.

Benvenuto Cellini naquit à Florence en 1500. Son père était ingénieur, bon architecte, grand musicien. Entouré des arts dès son berceau, Benvenuto réussit à tous ceux où il s'exerça. Libre de choisir un état, il embrassa celui d'orfévre-joaillier : ce qui nous étonne aujourd'hui, et n'étonna personne alors. Cette profession jouissait dans le moyen âge d'une grande considération. Philippe-le-Hardi, fils de Saint-Louis, avait donné des lettres de noblesse à son argentier Raoul. Lorsqu'il n'y avait encore ni peintres, ni sculpteurs habiles, les orfévres étaient des artistes du premier ordre, et leurs travaux héritaient de l'estime qu'en d'autres temps des arts plus brillants ont coutume de leur enlever. Cette impression n'était point effacée du temps de Cellini; et ce fut en qualité d'orfévre du pape Clément VII, qu'il fut accueilli à sa cour, et traité par ce pontife avec autant de distinction que de bienveillance.

Cette époque était celle de la renaissance des arts et des lettres. Les principaux souverains de l'Europe se plaisaient à les protéger. Les écrivains et les artistes célèbres étaient admis dans leur familiarité, obtenaient leur faveur, et même leur amitié, le plus rare bienfait des rois. Cellini fut, comme Primatice et Léonard de Vinci, au nombre des artistes que François 1*er* fit venir près de lui du sein de l'Italie. Mais Cellini, versé dans tous les arts, ignorait le plus nécessaire à la cour, celui de faire sa cour. Il ne sut point se concilier la protection de la duchesse d'Étampes, qui lui fit perdre celle du monarque; et l'artiste Florentin retourna dans sa patrie.

Il paraît qu'il entendait mieux le métier de courtisan à Rome qu'à Fontainebleau; car son crédit auprès des papes Paul III et Clément VII fut solide et durable, et il obtint d'eux, soit en récompenses et en pensions, soit en absolutions et en indulgences, toutes les faveurs que les souverains pontifes peuvent distribuer dans ce monde-ci et dans l'autre.

Benvenuto raconte naïvement dans ses Mémoires qu'ayant commis un meurtre (ce qui à cette époque, chez les vindicatifs Italiens, n'était pas inouï) il alla se jeter aux pieds du pape, et lui demander la rémission de son péché, faveur que le pape lui accorda à l'instant même avec toute la grâce imaginable. Cette occasion ne fut pas la seule où il eut besoin d'un pardon semblable, et l'obtint avec autant de facilité. Cellini était d'un caractère inquiet et querelleur; il mettait souvent l'épée à la main; et l'activité de son courage avait besoin d'aliments comme celle de son génie. Il le prouva bien dans une occasion mémorable, lors du siége de Rome par le connétable de Bourbon. Cellini, après s'être battu à la tête de quelques amis dans les rues de la ville, repoussé jusqu'au château Saint-Ange, se retrancha avec sa petite troupe derrière cinq pièces de canon, les braqua sur les assaillants, et manœuvra si bien qu'il leur opposa une très longue résistance, en fit périr un grand nombre; et ce fut même là (s'il faut l'en croire) que les chefs de l'armée ennemie, le prince d'Orange et le connétable de Bourbon furent tués.

On sent que cette conduite de Benvenuto ne le brouilla point avec les papes ses protecteurs. Il continua de vivre à leur cour, et d'enrichir leurs palais (jusqu'à sa mort arrivée en 1570) de ses travaux que la matière et l'art rendaient doublement précieux. Ses ouvrages d'orfévrerie * étaient en effet des chefs-d'œuvre de sculpture. Au lieu du bronze c'étaient l'or et l'argent qui s'animaient sous ses savantes mains. Il ne reste aujourd'hui qu'un bien

* Comme ils sont très rares, les amateurs les payent à des prix excessifs. En 1774, un Anglais, voyageant en Italie, acheta huit cents guinées un vase d'argent ciselé par Cellini, et d'une valeur intrinsèque peu considérable.

petit nombre de ces monuments qui semblaient devoir être si durables, tandis que l'on possède tant de tableaux tracés à la même époque sur la toile fragile *. On en conçoit la raison. Les métaux convoités par l'avarice humaine sont d'infidèles dépositaires pour les conceptions du génie. Il n'est pas là en sûreté; il est en butte à l'intérêt *vandale* bien plus à craindre que le temps. L'artiste fait mieux de confier ses nobles pensées, ses heureuses inspirations à des matières qui n'ont de prix que celui qu'il leur donne, parce qu'alors l'intérêt est de les conserver et non de les détruire, et que le talent se trouve sous la protection au lieu d'être exposé aux attaques du plus redoutable des ennemis.

L'Italie compte encore Benvenuto parmi les hommes célèbres qu'elle s'enorgueillit d'avoir vus naître. On montre à Florence la maison où étaient ses ateliers. Mylady Morgan rapporte ** qu'un Florentin, enthousiasmé d'un ouvrage d'orfèvrerie, s'écriait devant elle : « Non, cela ne serait pas plus beau, quand ce serait de notre divin Cellini ! »

Les Mémoires du *divin Cellini* sont intéressants à

* Les sculptures exécutées sur des métaux précieux sont doublement exposées, soit que la cupidité s'en empare, soit que le besoin en exige le sacrifice. Ce fut ce dernier motif qui fit détruire les ouvrages de Bélin, le Cellini français dans le siècle de Louis xiv. En 1688, dans un moment où ses finances étaient embarrassées, le roi les fit porter à la Monnoie.

** *L'Italie*, tome iii.

lire, soit par les détails relatifs à l'histoire des arts, soit par les anecdotes piquantes qu'ils renferment sur les événements de son siècle. Le savant Venturi en a donné une excellente édition. Ils n'ont pas été moins heureux en traducteurs. C'est Goëthe qui les a fait connaître à l'Allemagne; c'est M. Roscoë (l'estimable auteur de l'*Histoire du pontificat de Léon X*, et de *la Vie de Laurent de Médicis*) qui vient très récemment de les traduire en anglais. *

* Il a paru sur cette traduction anglaise une analyse très bien faite dans les *Archives encyclopédiques*, décembre 1822.

NOTE V.

(*Page* 94 : *Il obtint le succès le plus éclatant dans sa Métromanie, pièce qui est encore estimée de nos jours bien au-dessus de son mérite réel, etc.*)

Le jugement rigoureux porté ici sur un ouvrage qui conserve parmi nous beaucoup de réputation, étonne au premier moment, surtout si l'on réfléchit qu'il n'est point dicté par des préventions contraires à son auteur, que M. Goëthe, dans le reste de ce chapitre, traite assez favorablement; ce qui a pu indisposer l'auteur de *Verther* contre la *Métromanie*, c'est que cette pièce est totalement dépourvue d'intérêt, tort impardonnable aux yeux d'un écrivain accoutumé à répandre un intérêt si vif et si entraînant sur toutes ses compositions. En France, nous sommes d'accord avec lui sur ce point; on convient généralement que cette comédie est glaciale à la représentation, et c'est pour cela qu'on la joue si rarement. Un défaut si capital doit tenir à des vices dans la conception et dans la conduite de cet ouvrage; et en l'analysant il n'est pas difficile de les découvrir : qu'il nous suffise d'en indiquer un seul. D'après le plan de l'auteur, son héros n'est point aimé; il a un rival préféré, quoique peu digne de l'être. C'est là une donnée dramatique comme une autre. Mais alors il ne fallait pas s'étendre longuement sur une intrigue d'amour entre des personnages auxquels il est impossible que le spectateur prenne le moindre intérêt; rien n'est plus fastidieux que les scènes entre cette insipide *Lucile* et cet odieux *Dorante*, lesquelles remplissent plus de la moitié de la pièce. Maintenant au théâtre on les abrége beaucoup; mais il en reste toujours assez pour ennuyer. Une anecdote du temps, curieuse et peu connue, en nous apprenant comment *la Métromanie* a été composée, pourra éclairer notre opinion et peut-être la rapprocher beaucoup de celle que manifeste ici le judicieux auteur d'*Egmont* et de *Verther*.

Mademoiselle Gautier, ancienne actrice du Théâtre-Français, demandant un jour en société si l'on savait quel était l'auteur de *la Métromanie*, comme on paraissait surpris qu'elle ignorât que c'était Piron, « Vous vous trompez, dit-elle, ce n'est pas lui qui en est l'auteur, c'est moi, moi, qui n'ai jamais su faire un proverbe, une seule scène de comédie, pas un seul vers. Cela vous paraît une énigme, et je vais vous l'expliquer. Piron ayant composé cette pièce, vint me l'apporter, me pria de la présenter au comité des comédiens et de l'appuyer de mon crédit pour la faire recevoir. Il m'intéressa par sa vivacité, par le feu de son esprit. Je me chargeai de la commission, et la présentai. On en fit la lecture;

et l'on eut bien de la peine à l'achever, tant elle eut l'improbation générale. Je fus seule à m'apercevoir qu'au milieu d'une multitude de défauts qu'il serait possible de corriger, il y avait du mérite dans cette comédie. Je retirai le manuscrit, le rendis à l'auteur, sans lui dissimuler le mauvais succès qu'il avait eu, mais en lui faisant part du jugement que j'en portais moi-même. Je l'engageai à ne pas se décourager, et lui promis que s'il voulait suivre mes conseils, sa pièce serait reçue, et réussirait même au-delà de ses espérances. « Hé bien, que faut-il faire ? me dit-il avec effusion. Je suis prêt à exécuter tout ce que vous me prescrirez. — Je n'en sais rien, lui répondis-je, mais je sais ce qu'il ne faut pas faire. Examinez sévèrement votre ouvrage, retravaillez-le dans toutes ses parties, et montrez-moi vos corrections. » Piron, docile à cet avis, m'apporta successivement nombre de changements que je rejetai, mais sans pouvoir lui dire autre chose que : « Cela ne me plaît pas, et ne plaira pas au public. — Que faut-il donc faire pour le contenter ? » répétait-il. Mon refrain habituel était : « Je n'en sais rien ; mais recommencez, et vous serez sûr du succès quand je vous dirai, cela me plaît. » Il réussit enfin à m'apporter des changements que j'approuvai, et l'ouvrage, presque d'un bout à l'autre, subit une métamorphose complète. Quand j'étais mécontente de ses corrections, je lui disais franchement : « Cela ne vaut rien, recommencez. » Et sans humeur, toujours en l'encourageant, lui disant qu'il était capable de faire mieux, je déchirais dans ses variantes ce qui me paraissait mauvais, ou même médiocre, louant avec enthousiasme ce que je remarquais de bon. Ce mélange alternatif de changements, de rebuffades et d'éloges dont je ne me lassai point, parce que la docilité et la bonne foi de l'auteur m'intéressaient vivement, dura plus d'un an, et enfin la pièce parvint par mes soins, je puis ajouter par ma sévérité, au point de perfection où elle est aujourd'hui. Voilà le mot de mon énigme; et vous voyez que je n'ai pas eu tort de vous dire que c'est moi qui ai fait *la Métromanie*. Vous conviendrez au moins que c'est bien à moi que le public, sans le savoir, en a l'obligation. »

Cette anecdote explique comment un ouvrage originairement mauvais, amélioré par des corrections successives, est devenu assez riche de beautés de détail et de tirades brillantes pour occuper un rang distingué sur la scène française; mais sans pouvoir acquérir l'intérêt, la chaleur, la vie, dont l'inspiration du génie peut seule animer une grande composition poétique.

C'est ce que M. Goëthe a pressenti plus peut-être qu'il ne l'a démêlé. Une pièce froide, inanimée, mais embellie de tous les prestiges d'une belle versification, lui a paru ce qu'est dans l'Arioste l'*Alfana* de Renaud, laquelle possède toutes les qualités imaginables, et n'a qu'un défaut, c'est qu'elle est morte.

Les productions de M. Goëthe ont un caractère bien opposé. Chez lui la verve, l'élan du génie domine tout ; ses ouvrages les plus célèbres ont été écrits rapidement, et tout d'une haleine ; *Verther*, entre autres, ne lui a coûté que quelques nuits de travail. Il jette un coup d'œil sévère sur les productions des autres écrivains, où il ne retrouve pas cette chaleur et cet entraînement qui caractérise les siennes. S'il compose d'enthousiasme, il juge par sympathie ; et l'inspiration qui ne l'abandonne jamais, est la règle de ses opinions, comme elle est l'âme de ses ouvrages.

NOTE VI.

(*Page* 145 : *Une telle prévention est difficile à concevoir de la part d'un homme aussi éclairé, etc.*)

En rassemblant les principes développés par Diderot sur la théorie de la musique, et les judicieuses explications que M. Goëthe y ajoute dans ce chapitre, on en formerait le précis des notions les plus justes et les plus complètes sur ce bel art, et l'on aurait ainsi (comme disent les Allemands) une excellente *esthétique musicale*.

De plus, on verrait que M. Goëthe est plus d'accord avec Diderot qu'il ne pense, et que la contradiction entre eux n'est qu'apparente, car tous deux conviennent des points essentiels. Tous deux considèrent les beaux-arts sous le même point de vue, comme des *moyens de plaisir* que l'homme a su s'approprier, dont les uns causent des sensations agréables par eux-mêmes, sans rien imiter [*], et les autres en imitant la nature [**]; la musique doit être envisagée comme appartenant à l'une et à l'autre classe :

[*] La danse n'imite rien; ce n'est qu'un développement réglé et ordonné d'une des facultés physiques de l'homme. L'architecture n'a pas non plus de modèle naturel.

[**] La peinture, la sculpture, etc.

elle peut être ou n'être pas imitative ; originairement elle ne l'a point été. Lorsqu'un hasard heureux eut appris à l'homme que les sons, en rapport entre eux, affectaient agréablement ses oreilles, il chercha les moyens de former à volonté des accords, soit avec l'organe naturel de sa voix, soit à l'aide d'instruments artificiels : il analysa les rapports des sons, découvrit les principes de l'harmonie, et créa l'art musical. Quand cet art s'arrête là, son action sur nous est purement physique. Ce qui en résulte est un plaisir attaché à un certain mode d'ébranlement des organes, et rien de plus. M. Goëthe prétend que cette musique agréable, sans être imitative, est celle que les Italiens ont cultivée de préférence ; soit. Il convient aussi qu'en ce genre ces *flatteurs d'oreilles* surpassent tout ce qu'on peut imaginer, et donnent les plus délicieuses jouissances ; ils sont donc bien près de remporter le prix, puisque dans la carrière des arts c'est le plaisir qui décerne les couronnes.

D'autres expériences ont fait reconnaître à l'homme l'analogie qui existe entre les diverses combinaisons des sons, et ses diverses impressions affectives ; il s'est aperçu qu'on réveille en lui les émotions les plus vives avec des chants comme avec des paroles éloquentes ; que des modulations variées excitent tour à tour la gaîté ou la mélancolie, le courage ou l'attendrissement ; que l'on peut rendre avec des accords les effets du sentiment comme ceux de la nature ; qu'ainsi la musique doit être considérée comme une des langues de l'esprit et du cœur, et qu'en ajoutant à son action physique comme *art d'agrément*, des impressions morales comme *art d'imitation*, elle ouvre pour lui une source de nouveaux plaisirs.

Dès lors on a puisé à cette source féconde. On s'est attaché à rendre la musique de plus en plus imitative. C'est principalement sous ce point de vue que Diderot en a envisagé la théorie; il suffit, pour s'en convaincre, de rappeler quelques unes de ses définitions : « Le chant est une suite de sons en rapport entre eux, dont l'art a inventé la combinaison pour retracer les sentiments, les passions qu'expriment la voix de l'homme, les cris des autres êtres animés, ou pour imiter les bruits et en général tous les effets de la nature.... Le modèle du chant, l'objet imité par le musicien, c'est l'accent de la voix, quand le modèle est vivant; le bruit, le son naturel quand le modèle est inanimé. Il faut considérer la suite des intonations, la voix parlante comme une ligne droite; et le chant comme une ligne courbe qui s'entrelace autour d'elle. Plus il y a de points où la ligne courbe touche la ligne droite, où les accords de l'artiste se confondent avec les accents de l'être sensible et passionné, plus le chant est beau, vrai, pathétique.... Le musicien ne saurait trop se pénétrer du sentiment qu'il doit exprimer; l'accent, le cri de l'homme passionné, ne sortons pas de là. Que notre modèle soit tel que nous soyons inférieurs sans rougir, et fiers quand nous avons su l'atteindre. Que notre modèle soit la nature ! »

M. Goëthe adopte toutes ces définitions, et jusque-là il est d'accord avec Diderot; mais il ajoute, que les Allemands et les Français ont mieux réussi dans la musique, art d'imitation; qu'ils ont fait une plus savante étude des moyens de rendre les modulations harmoniques expressives pour tous les sentiments, significatives pour toutes les idées; tellement que les chants puissent toujours être traduits en paroles, et le discours parlé en phrases musicales [*]. A cet égard il a parfaitement raison : mais est-il également juste lorsqu'il part de là pour faire le procès à Diderot, pour l'accuser d'avoir pris le change, en attribuant aux Italiens une parfaite imitation de la nature, talent dont ils sont dépourvus, et en refusant ce mérite aux compositeurs français, qui le possèdent à un degré bien supérieur?

Serait-il vrai que Diderot se fût trompé à ce point? Dans aucun de ses écrits il n'accuse la musique française de ne pas être assez imitative. Il adresse aux compositeurs nationaux de son temps un reproche bien plus accablant, celui d'être ennuyeux, d'épuiser toutes les combinaisons harmoniques, d'employer les ressources d'un nombreux et bruyant orchestre, sans causer à leurs auditeurs d'autres émotions que de violents maux de tête. Si l'artiste,

[*] Du moins autant que le comportent les moyens d'imitation qui sont à la disposition de l'artiste.

qu'il imite ou non la nature, n'a jamais pour but que de plaire, il est certain que d'après les lois de l'empire des arts, le plus impardonnable de tous les crimes, c'est l'ennui.

Les critiques de Diderot, relatives à l'imitation, ne s'adressent pas aux musiciens français de cette époque, mais aux poëtes qui composaient les paroles de leurs opéra. Il part d'un principe incontestable, c'est que la musique n'est pas un art essentiellement imitatif, comme la peinture et la sculpture, puisque les accords peuvent plaire par eux-mêmes et sans exprimer des sentiments ou des idées; que lors même qu'elle prend la nature pour modèle, sa sphère d'imitation est très circonscrite, et qu'il y a même des bornes qu'il lui est impossible de franchir. Ainsi l'on rend assez bien en musique les effets physiques des bruits, le murmure des vents et des flots, le fracas de l'orage, etc. On indique même, par des combinaisons harmoniques, divers effets naturels, autres que ceux du bruit, la lumière par des sons éclatants, les ténèbres par des sons voilés, etc. Quant à l'imitation des sentiments, elle est encore assez directe. Le modèle est devant l'artiste. Il n'a qu'à moduler ses accords sur l'accent qui anime le langage de l'homme, sur les intonations de sa voix, lorsqu'il est agité de passions violentes. Mais ce qui échappe absolument à l'expression musicale, ce qui est hors de sa portée, ce sont les idées abstraites et métaphysiques, les maximes, les généralités, etc. Voilà pourquoi Diderot s'attache à les bannir de la vraie poésie lyrique; pourquoi il satirise avec autant de justesse que d'énergie les vers froids et maniérés, les madrigaux précieux, la métaphysique rimée, les traits d'esprit apprêtés, les jolies pensées à prétention, les réflexions quintessenciées et subtiles, dont les opéra français étaient remplis * de son temps ; pourquoi il recommande aux musiciens de ne prendre pour modèles de leurs chants que le cri de l'homme passionné et l'accent de la nature.

Le seul reproche qu'il paraisse mériter dans le cours de cette discussion, est celui que M. Goëthe lui adresse, d'avoir attribué aux virtuoses d'Italie plus de talent pour l'expression musicale qu'ils n'en possédaient réellement : mais M. Goëthe paraît à son tour ne pas leur rendre justice en leur refusant toute espèce de mérite à cet égard. M. Goëthe reconnaît qu'il existe actuellement un grand nombre de compositions mixtes, où l'on a cherché à fondre

* Ce défaut avait sa source dans la vanité des auteurs, humiliés du rôle subalterne que joue la poésie dans cette association inégale avec la musique. Réduits à préparer des canevas au compositeur, et à se priver des développements étendus où le talent peut se déployer, pour donner quelque signe de vie poétique dans des scènes abrégées, ils les parsemaient d'épigrammes et de madrigaux : la vengeance de leur amour-propre retombait ainsi sur le musicien, à son tour condamné à traduire dans ses chants des idées spirituelles et métaphysiques sur lesquelles son art n'avait aucune prise.

habilement les deux genres, la musique de pur agrément et celle d'imitation; on peut aller encore plus loin, et soutenir qu'au point de perfection où l'art est porté de nos jours, il est impossible qu'un artiste puisse, sans exceller dans l'un et l'autre genre, et sans les marier tous deux dans ses ouvrages, obtenir des succès éclatants et durables. Si cette vérité est facile à démontrer, pourrait-on croire que les compositeurs italiens jouissent de la faveur du public d'un bout de l'Europe à l'autre, et qu'ils fussent aussi peu avancés dans la partie de leur art qui a l'imitation pour objet, lors même que nos oreilles ne nous auraient pas mille fois convaincus du contraire, en écoutant leurs partitions aussi dignes d'applaudissements par la force de l'expression que par le charme de la mélodie?

Hors en ce seul point, sur lequel ils sont en opposition et semblent avoir tort chacun de son côté, l'un en attribuant, l'autre en refusant trop aux compositeurs d'Italie, Diderot et Goëthe ont raison, et sont d'accord en tout le reste. On ne doit pas être étonné de l'importance quelquefois excessive que tous deux attachent au mérite de l'imitation dans la musique et même dans tous les arts. Cela tient à ce que tous deux, et particulièrement M. Goëthe, considèrent les arts non seulement comme des sources de plaisir, mais comme des puissances morales capables d'exercer la plus grande influence sur nos idées et nos sentiments. C'est une opinion que

M. Goëthe a souvent exprimée, en parcourant la riche collection de tableaux et de statues qui décorent sa maison à Veimar. Il pense qu'on fait bien d'écouter des chants qui ont un caractère héroïque, de fixer ses regards sur la toile qu'un grand peintre a su animer, parce que le génie et l'âme s'en ressentent, et qu'on en reçoit de généreuses inspirations : « J'en deviendrais meilleur, dit-il, si j'avais sous les yeux la tête du Jupiter Olympien, que les anciens ont tant admirée. »

NOTE VII.

(*Page* 199 : *D'Arnaud serait le plus grand des poètes dramatiques, si pour toucher le cœur il suffisait d'effrayer les regards, etc.*)

M. Goëthe, dans son voyage en France, connut D'Arnaud, qui ne lui en imposa point, comme on le voit, par sa *sentimentalité* exagérée et factice. L'auteur d'*Egmont*, qui n'a besoin pour répandre le trouble et l'attendrissement dans les âmes, que de puiser quelques inspirations dans la sienne, avait apprécié les pénibles et infructueux efforts de l'auteur d'*Euphémie* pour atteindre à ce même but, ce mensonge de tristesse, ce deuil sans douleur, ces expressions violentes sans idées fortes, et à travers lesquelles on démêle une âme froide et sèche. D'Arnaud, de bonne heure, en avait malheureusement donné la preuve. Né de parents pauvres, étant encore au collége, il avait eu l'avantage d'attirer les regards et de se concilier la bienveillance du plus grand écrivain du siècle. Voltaire lui trouvant des dispositions et de l'esprit naturel, le secourut, l'encouragea, lui aida à terminer ses études. A son début dans la littérature, que fit D'Arnaud? Il se lia avec Fréron et les autres ennemis de Voltaire, et se joignit à eux pour écrire contre son bienfaiteur. Quand on ne connaîtrait de lui que ce trait, et qu'on n'aurait point lu ses écrits, on se douterait que l'homme capable de manquer ainsi à la reconnaissance et à l'amitié, n'a dû être qu'un poète et un romancier médiocre, parce qu'il ne pouvait trouver dans son cœur les sentiments nécessaires pour animer ses ouvrages.

D'Arnaud, dans le cours de sa carrière, se retrouva encore sur le chemin de son premier protecteur, à une occasion singulière. Quelques uns de ses romans avaient eu de la vogue. Le roi de Prusse, qui ne pouvait décider Voltaire à quitter la société brillante de Paris et le beau ciel de la France pour venir dans son humide et ténébreux empire, s'avisa, pour le déterminer, d'une ruse assez plaisante. Il feignit de s'engouer du talent de D'Arnaud, l'appela à Berlin, lui fit l'accueil le plus flatteur, et lui adressa des vers où il le félicitait de surpasser et d'éclipser Voltaire[*]. Ce dernier, piqué de cet abandon, ne renonçant pas sans regret à l'amitié de Frédéric, prit sérieusement l'alarme, et partit pour Berlin. Dès qu'il fut arrivé, le roi ne regarda plus D'Arnaud.

[*] Déjà l'Apollon de la France
S'achemine à sa décadence :
Venez briller à votre tour.
Élevez-vous, s'il baisse encore ;
Ainsi le couchant d'un beau jour
Promet une plus belle aurore.

qui n'avait été pour lui que le filet dont il s'était servi pour prendre un grand homme.

D'Arnaud revint en France, où il composa une multitude d'ouvrages qui ne l'enrichirent point; car il tomba dans une extrême pauvreté, que, pour comble de malheur, il ne sut point rendre respectable. Il faisait à la lettre le métier d'emprunteur. Le poète Lebrun disait de lui : *C'est Homère, au génie près*. Il l'affubla de plusieurs épigrammes, et entre autres de celle-ci :

> D'Arnand va toujours mendiant,
> Et de ses vers nous ennuyant
> D'Arnaud pouvait, sur ma parole,
> Bien s'enrichir à rimailler,
> N'eût-il jamais pris qu'une obole
> A tous ceux qu'il a fait bâiller.

Baculard d'Arnaud a prolongé sa carrière jusqu'à un âge très avancé. Il n'est mort qu'en 1805, âgé de plus de 91 ans.

NOTE VIII.

(*Page* 203 : *Dans son traité des Beaux-Arts réduits à un seul principe, il se fit l'apôtre de l'Évangile demi-véridique de l'imitation de la nature, etc.*)

Par cette phrase originale et spirituelle, M. Goëthe appelle notre attention sur l'une des questions les plus controversées dans la théorie des arts. Grâce à lui, elle est depuis long-temps éclaircie en Allemagne. Mais il n'en est pas de même parmi nous; tous les jours nous voyons reproduire les fausses doctrines de l'abbé Batteux sur le principe de l'imitation. Son Évangile demi-véridique se prêche encore; nos critiques, plus jaloux de l'honneur des règles que de nos plaisirs, en sont les apôtres, et le public, forcé de s'ennuyer méthodiquement, en est le martyr.

M. Goëthe n'a pas craint de réfuter leurs dogmes dans un de ses meilleurs ouvrages. * Il a prouvé l'erreur fondamentale de ce système, qui consiste à supposer que les arts ont pour objet l'exacte imitation de la nature; tandis que leur but n'est point d'imiter, mais de plaire. Plusieurs d'entre eux plaisent sans rien imiter, et lors même que les arts ont la

* Ce livre est intitulé *Propyläen*. Il en parle lui-même à l'article X, page 144.

prétention de se modeler sur la nature, la ressemblance est toujours très incomplète ; non parce que les moyens d'imiter manquent, mais parce qu'on ne se soucie point d'une représentation fidèle des réalités. On veut bien dans les arts un peu de vérité, quelque analogie avec les objets sensibles, qui seuls ont une prise sur l'imagination ; mais on ne cherche ni une ressemblance trop exacte, ni une trop parfaite illusion.

La raison en est évidente : une illusion n'est qu'une méprise ; ce n'est pas là ce qu'on cherche. Que demande-t-on aux arts ? du plaisir. Ce n'est point la vérité seule qui le fait naître ; au contraire, on voit souvent que les arts plaisent moins en imitant davantage. Prenons la sculpture pour exemple. De belles statues de bronze ou de marbre qui ne représentent que les formes du corps humain, inspirent une vive admiration pour l'artiste sans faire aucune illusion, puisqu'elles ne retracent ni les mouvements ni les couleurs. Si l'on cherche à compléter la ressemblance en coloriant des statues, on approchera de la réalité. On fera beaucoup plus d'illusion, et en même temps beaucoup moins de plaisir. L'automate qui ajoute aux formes et aux couleurs l'imitation des mouvements approche plus encore de la nature. Pourtant une statue de marbre ou de bronze est regardée avec ravissement, avec enthousiasme ; tandis qu'un automate n'excite qu'une faible curiosité.

Aussi la sculpture est un art cultivé avec ardeur,

dans lequel les succès sont l'objet d'une noble émulation, où l'on compte de grands hommes. A peine fait-on des statues coloriées et des automates.

Non seulement les arts n'imitent qu'imparfaitement la nature, et s'arrêtent à une ressemblance incomplète ; ils font plus, ils s'en éloignent de dessein prémédité ; l'artiste introduit et accumule dans ses ouvrages des fictions, des faussetés convenues, qui affaiblissent l'illusion au point de la détruire entièrement.

Ainsi, dans les arts de l'esprit, le drame en prose, représentation fidèle des scènes de la vie humaine, intéresse assez vivement les spectateurs : pour ajouter à leur plaisir que fait-on ? l'on falsifie, l'on dénature l'imitation, l'on fait parler les personnages en vers, dans un langage chargé d'ornements poétiques, plein de tournures de phrases et d'inversions inusitées, très peu naturel, très peu conforme au langage habituel des hommes.

De peur que les personnages ne soient pas encore assez loin de la vérité, et qu'ils ne fassent trop d'illusion, sur notre scène lyrique on les fait parler en chantant. Assurément, le drame en prose imite plus fidèlement la nature que la tragédie ou l'opéra. Cependant l'*Iphigénie* de Racine et celle de Gluck occupent dans l'estime des connaisseurs un rang très supérieur à celui de nos meilleurs drames en prose. On trouverait de pareils exemples dans tous les arts.

L'imitation ne plaît donc point parce qu'elle ressemble à la réalité; au contraire, elle est souvent d'autant plus agréable qu'elle en diffère davantage; et l'on ôte à l'illusion exprès pour ajouter au plaisir.

L'on détruit à dessein la fidélité de l'imitation, soit en ajoutant, soit en retranchant: 1°. *En ajoutant*, par exemple, lorsqu'on substitue au langage naturel un langage factice, embelli d'ornements étudiés, tels que le rhythme poétique ou musical; 2°. *en retranchant*, dans la pantomime par exemple, où l'on n'imagine rien de mieux pour ajouter au plaisir du spectateur, que d'ôter l'usage de la voix aux personnages, et de les réduire à parler par signes.

Dans un opéra, les acteurs sont censés parler quand ils chantent; dans une pantomime, ils sont censés parler quand ils restent muets: dans l'un de ces drames, c'est le chant; dans l'autre, c'est le silence qui représente la parole. Le premier genre est une *fiction en plus*; le second, une *fiction en moins*. L'un et l'autre sont de très fausses imitations de la nature; et c'est précisément de la fausseté que vient le plaisir.

Chacun de ces moyens de falsifier l'imitation constitue un art différent * : et ce sont même là les plus beaux et les plus estimés de tous les arts.

* On les a combinés ensuite de mille manières différentes. On a imaginé des genres mixtes, où le chant et le discours se succèdent alternativement, et où les personnages, soit qu'ils parlent ou qu'ils chantent, sont toujours censés parler, etc.

Qu'on examine toutes les productions des arts, on verra qu'elles consistent dans un mélange de vrai et de faux mariés assez habilement pour qu'il en résulte le plus grand plaisir possible. Le talent de l'artiste consiste à les combiner dans cette juste proportion. Tour à tour le réel nous touche, ou l'idéal nous séduit. Une belle tragédie plaît tantôt par la vérité des sentiments retracés d'après nature, tantôt par l'effet du rhythme poétique, l'harmonie des vers, la richesse des rimes, ornements factices, qui détruisent la fidélité de l'imitation. Dans ses ouvrages, l'habile artiste emploie indifféremment l'idéal et le réel, toujours prêt à les abandonner l'un ou l'autre, s'il n'en obtient pas les effets qu'il en attend, parce qu'ils ne sont point les objets de son culte, et que c'est au plaisir seul qu'il sacrifie sur l'autel de la fiction ou de la vérité.

Dès qu'il est prouvé que dans les arts l'on falsifie de dessein prémédité l'imitation de la nature, nous pouvons réduire à leur juste valeur les critiques dirigées contre les artistes, et qui ont pour objet de leur reprocher leurs calculs comme des inadvertances, et comme des fautes grossières les combinaisons qui leur ont coûté le plus de méditations et de travail. Nous concevons combien étaient absurdes les efforts de Lamotte et de Lessing pour bannir des pièces de théâtre le langage poétique, sous prétexte que les vers rimés ne sont qu'une brillante invraisemblance, et nous apprécions également ce que valent les anathèmes lancés par nos critiques français, zélateurs des *unités*, contre les beaux ouvrages de Shakespeare, de Schiller, de Goëthe, sous prétexte que la multitude des lieux qu'ils font successivement parcourir, et la longue période de temps qu'embrasse l'action de leurs poëmes, détruisent l'illusion théâtrale.

Les critiques français prétendent que le système dramatique adopté par Shakespeare est dû à la barbarie de son siècle. Fût-elle vraie (ce qu'elle n'est point) pour la tragédie anglaise, cette supposition ne peut être admise à l'égard du théâtre allemand, fondé dans un siècle de philosophie et de lumières. Ses créateurs, Goëthe et Schiller, doués d'autant d'instruction que de talent, pleins d'admiration pour les maîtres de la scène française, ayant leurs ouvrages sous les yeux, ont pourtant adopté un système dramatique fondé sur des principes différents. Il est bien évident que ce n'est point par l'effet de l'ignorance et du hasard, mais par le résultat du calcul et de la réflexion, qu'ils ont employé dans leurs ouvrages des fictions théâtrales qui ouvraient à leur génie une plus vaste carrière.

La principale différence de notre code dramatique avec celui des Allemands et des Anglais, consiste en deux *fictions théâtrales* de plus, qu'ils emploient sans hésiter, et que nous faisons difficulté d'admettre, celles *du lieu et de la durée*. A l'égard de la *fiction de lieu*, il y a peu de chose à en dire, et nous ne sommes pas loin de nous rapprocher de leur manière de voir. On est assez d'accord que la règle de l'unité de lieu est la plus frivole de nos lois théâtrales. En France même on s'en est affranchi dans les opéra, dans tous les genres d'ouvrages dramatiques, excepté la tragédie. Dès que l'on a consenti au commencement d'une pièce à se croire transporté de Paris à Thèbes, en coûte-t-il plus de se croire à l'acte suivant transporté de Thèbes à Corinthe ? Il faut certainement moins de frais d'imagination pour la seconde illusion que pour la première. Tous ceux qui ont l'habitude du spectacle avouent que le changement de lieu est la *fiction théâtrale* à laquelle l'esprit et les yeux se prêtent le plus volontiers.

À l'égard de la *fiction de durée*, de la prolongation supposée du temps, les Anglais et les Allemands n'y font pas même attention, tant ils y sont accoutumés. Les Français, au contraire, en ont peu d'habitude. Pourtant, dès qu'on est convenu parmi nous que les deux heures de la représentation peuvent équivaloir à vingt-quatre, pourquoi ne porterait-on pas cette extension plus loin ? Ce n'est que par la succession de nos idées que nous mesurons la durée; et le même intervalle de temps peut nous paraître très court ou très long : rien n'est plus facile que de se faire illusion sur ce point. Lorsque nous lisons les mémoires d'un homme célèbre, nous parcourons plusieurs années de sa vie en quelques heures de lecture. L'illusion que l'histoire fait à notre esprit, pourquoi le théâtre ne la ferait-il pas à nos yeux? C'est l'affaire du poète de manier cette fiction (comme toutes les autres) avec adresse. Doit-il être plus difficile de s'y prêter, qu'à celle du langage adopté dans nos opéra, où nous ne sommes point surpris de voir des héros qui se querellent, se désespèrent et se tuent en chantant? Il n'est donc point étonnant que des peuples aussi instruits et aussi éclairés que nous, admettent dans les ouvrages dramatiques la prolongation supposée du temps. Si quelquefois un spectateur allemand réfléchit en voyant *Goëtz de Berlichingen*, que tant d'événements n'ont pu se passer dans un si court intervalle, c'est comme lorsqu'un spectateur français réfléchit en assistant à l'*Iphigénie* de Racine, qu'un roi grec ne doit point parler ainsi en vers français rimés. Toutes ces *fictions théâtrales*, *de langage*, *de lieu*, *de durée*, etc. sont au nombre des procédés des arts, par lesquels on altère à dessein l'imitation de la nature, afin d'ajouter au plaisir ce qu'on retranche à la vérité ; les unes sont mieux appropriées que les autres à certains sujets de drames. Ainsi la *fiction du langage musical*, le chant substitué au discours sur notre grande scène lyrique, sont très bien adaptés aux sujets merveilleux. Les personnages mythologiques, les dieux, les démons, les génies, etc. qu'on nous représente à l'Opéra, n'étant pas de même nature que nous, ne doivent point s'exprimer comme nous. Il y a excès d'idéal et dans le fond et dans la forme de l'imitation.

La versification, *la fiction du langage poétique*, conviennent à la tragédie, où l'élévation des sentiments et des pensées appelle naturellement la poésie de l'expression. Ici l'idéal du fond et celui de la forme de l'imitation se marient encore parfaitement.

Les fictions de lieu et de durée admises par les auteurs dramatiques de la Germanie et de l'Angleterre, sont admirablement appropriées aux pièces dont les sujets sont historiques. D'après nos règles étroites et gênantes, le terrain manque aux auteurs français. Dans le lieu unique et dans le court intervalle de temps qui leur est assigné, pourraient-ils faire passer leurs personnages par toutes les situations variées qui sont nécessaires pour développer de grands caractères, et en faire connaître les profondeurs? Jamais Shakespeare n'aurait pu composer son admirable tragédie de *Richard III*, en s'asservissant à notre règle de vingt-quatre heures, de même que jamais Racine n'eût embelli le style de son *Iphigénie*, de couleurs aussi riches et aussi brillantes, s'il eût été forcé de l'écrire en prose. Ces deux grands hommes ont eu besoin, l'un de la *fiction théâtrale de la durée*, l'autre de celle du *langage*, pour produire leurs chefs-d'œuvre.

Au reste, il s'est trouvé aussi en Allemagne quelques uns de ces critiques, législateurs d'un empire dont ils ne peuvent être citoyens, qui auraient forgé des entraves au génie des artistes, si ces derniers s'étaient laissé enchaîner impunément. Lessing, entre autres, avait banni les vers de la tragédie, sous prétexte de la rendre plus naturelle. Il voulait qu'un ouvrage dramatique fût la représentation du fait tel qu'il avait dû se passer en réalité. Plusieurs de ses pièces sont composées d'après ce système; le dialogue est en prose sans aucun ornement étudié : en un mot, c'est l'action elle-même mise au théâtre avec le moins de fiction et le plus de vérité possible.

M. Goëthe ne permit pas à ce faux système de s'établir; et ce fut un des premiers services qu'il rendit à la littérature allemande. Il fit justice de cette philosophie portée si mal à propos dans les arts, et qui était là aussi hors de sa place que le serait de la poésie en mathématiques. Ses tragédies parées des charmes de la plus belle versification, firent tomber les mélodrames en prose de Lessing. Goëthe, heureux vengeur de la poésie, la remit en possession de son empire.

Il serait à souhaiter qu'à son exemple un bon poète français employât la puissance de son talent à triompher des habitudes et des préjugés qui nous ferment plusieurs sources de jouissances nouvelles. Au lieu de diriger des critiques inutiles contre le système dramatique des Allemands et des Anglais, nos auteurs devraient plutôt songer à l'introduire sur notre scène, à nationaliser ces *fictions théâtrales de temps et de lieu*, productives de beautés qui nous sont inconnues. Nul doute qu'un poète habile qui nous retracerait toutes celles du *Richard III*, de Shakespeare; du *Fiesque*, de Schiller; de l'*Egmont*, de Goëthe, ne verrait le succès couronner ses innovations *. Il réussirait encore plus s'il nous donnait une composition originale, traitée avec les larges développements de ce système dramatique, et dans laquelle tout serait neuf pour nous, et le sujet et les principes d'après lesquels il serait traité.

Au reste, pour être juste en tout, il faut dire aussi que les règles sévères imposées parmi nous aux artistes dérivent d'une cause honorable à l'esprit français **. L'amour du vrai est ce qui le caractérise : il veut de la raison jusque dans ses plaisirs. Les auteurs, connaissant cette disposition, s'y sont conformés; les critiques leur en ont fait une loi, et sont partis de là pour établir le principe que nous combattons ici, savoir : que les *arts doivent offrir l'exacte imitation de la nature*. Cet excès de rectitude dans les idées paraît d'abord très respectable. Il rend les arts aussi réguliers, aussi sérieux que des sciences ; ce qui semble une perfection de plus. Mais comme en devenant plus sévères ils ne deviennent pas plus

* Bien entendu que ce ne seraient pas des imitations francisées, et, comme dans les pièces de Ducis, tirées du théâtre anglais, le géant mutilé sur le lit de Procuste.

** Voyez page 49.

utiles, qu'ils ne gagnent pas en solidité ce qu'ils perdent en agrément, on voit que cette prétendue perfection est tout-à-fait illusoire. Il faut de la mesure en tout. La raison même nous apprend à redouter l'abus de la raison. On fait bien de soumettre à l'examen le plus rigoureux, le plus analytique, les grandes questions de physique ou de géométrie, de politique ou de morale, tout ce qui est du domaine de la raison : mais il est inutile de s'amuser avec tant de méthode; et dans l'intérêt du plaisir comme dans celui de la philosophie, on doit craindre de porter trop de philosophie dans ses plaisirs.

FIN DES NOTES.

TABLE.

Avertissement des Traducteurs............*Page*		1
Notice sur M. Goëthe............................		5
I.	Des Traductions.......................	37
II.	Voltaire............................	42
	Note...............................	48
III.	Diderot.............................	53
	Notes...............................	76
IV.	D'Alembert.,.......................	86
V.	Montesquieu.........................	89
VI.	Piron...............................	91
	Note...............................	97
VII.	Du Gout............................	99
	Notes...............................	116
VIII.	Dorat...............................	124
IX.	Fréron.............................	127
X.	Musique.............................	133
XI.	Rameau l'oncle.......................	147
XII.	Duni................................	157
XIII.	Lulli...............................	160
XIV.	Marivaux............................	164
XV.	D'Olivet............................	169
XVI.	Palissot............................	171
XVII.	Les Philosophes, comédie...............	179
XVIII.	Lettres de Voltaire à Palissot.........	186
XIX.	Alberti.............................	196
XX.	D'Auvergne.........................	198

XXI.	Baculard d'Arnaud	Page 199
XXII.	Le Baron de Bagge	201
XXIII.	Batteux	203
XXIV.	L'Abbé Leblanc	205
XXV.	Bouret	209
XXVI.	Bret	212
XXVII.	Carmontel	213
XXVIII.	Destouches	214
XXIX.	Poinsinet	215
	Note	220
XXX.	Madame de Tencin	222
XXXI.	Le Cardinal de Tencin	226
XXXII.	L'Abbé Trublet	228

Notes des Traducteurs.......................... 230
  I. Sur Verther........................... *ibid.*
  II. Sur Faust............................ 232
  III. Sur les poésies fugitives de M. Goëthe...... 253
  IV. Sur Benvenuto Cellini................... 264
  V. Sur Piron et *la Métromanie*............. 269
  VI. Sur la musique........................ 274
  VII. Sur D'Arnaud........................ 282
  VIII. Sur le principe de l'imitation dans les arts. 285

FIN DE LA TABLE.

ERRATA.

Page 24, *ligne* 14, en sa tragédie de *Cophtha*; *lisez*, en publiant sa tragédie de *Cophtha*.
Page 95, *ligne* 6, à sa juste valeur; *lisez*, à sa juste mesure.
Page 111, *ligne* 16, puisque c'est la perfection.... qui résulte de leur accord; *lisez*, puisque la perfection.... ne peut résulter que de leur accord.
Page 115, *ligne* 16, Tel doit être notre devoir; *lisez*, Tel est notre devoir.
Page 163, *ligne* 7, l'on put; *lisez*, l'on peut.
Page 214, *ligne* 4, oubliées; *lisez*, oubliés.
Page 219, *ligne* 19, maligne; *lisez*, perfide.
Page 229, *ligne* 21, le moment; *lisez*, ce moment.
Page 239, j'ai souvent; *lisez*, j'ai quelquefois.
Page 241, *ligne* 17, de la passion qu'il ressent pour elle. On partage.... *lisez*, de sa passion. L'on partage....
Page 242, *ligne* 10, ravissants délices; *lisez*, ravissantes délices.
Page 283, *ligne* 3, ses écrits; *lisez*, ses productions.

www.ingramcontent.com/pod-product-compliance
Lightning Source LLC
Chambersburg PA
CBHW071530160426
43196CB00010B/1728